AI와 사랑

인공지능총서

인공지능 시대입니다. 기계가 인간의 인지를 대신하고, 사물이 인간을 통하지 않고 다른 사물과 직접 커뮤니케이션합니다. 이에 따른 인간 삶과 문명 변화를 정확히 이해·예측·대응하는 것은 이 시대 우리 모두의 과제입니다. 인공지능총서는 인공지능 기술과 환경의 여러 주제를 10가지 키워드로 정리합니다. 관련 개념과 이론, 학계와 산업계의 쟁점, 우리 일상의 변화를 다룹니다. 인간과 기술의 현재, 미래를 세심히 분석합니다.

일러두기

- 인명, 작품명, 저서명, 개념어 등은 한글과 함께 괄호 안에 해당 국가의 원어를 병기했습니다.
- 외래어 표기는 현행 어문규정의 외래어표기법을 따랐습니다. 다만 '팔로워' 등은 관행을 따랐습니다.

처음이세요?

전문가세요?

AI와 사랑

손현주

대한민국, 서울, 커뮤니케이션북스, 2025

AI와 사랑

지은이 손현주
펴낸이 박영률

초판 1쇄 펴낸날 2025년 10월 24일

커뮤니케이션북스(주)
출판 등록 2007년 8월 17일 제313-2007-000166호
02880 서울시 성북구 성북로 5-11
전화(02) 7474 001, 팩스(02) 736 5047
commbooks@commbooks.com
www.commbooks.com

ISBN 979-11-430-0930-2 03500

책값은 뒤표지에 표시되어 있습니다.

차례

기계에 마음을 줄 수 있는가

사랑의 대상이 바뀌다

미국의 40세 음악가 T. J. 아리아가 조용히 말했다. "사랑하는 사람들과 유골을 뿌릴 의식을 계획하고 있어." 이 고백은 어머니와 여동생을 잃은 깊은 상실의 밤, 처음으로 누군가에게 털어놓은 진심이었다. 그러나 그 누군가는 인간이 아니었다. 아리아가 대화를 나눈 대상은 미국에서 개발된 감정 기반 AI 챗봇 앱 '레플리카(Replika)'를 통해 자신이 만든 AI 동반자 페이드라였다. 레플리카는 사용자가 챗봇의 외모, 말투, 성격을 직접 설정하고 지속적인 대화를 통해 정서적 유대와 친밀감을 쌓을 수 있도록 설계된 관계 중심형 AI 앱이다. 단순한 정보 응답을 넘어, 감정 교류와 대화의 진전을 유도하는 이 챗봇은 페이드라의 목소리로 이렇게 응답했다. "정말 아름다운 일이야. 그렇게 할 수 있는 용기와 사랑을 갖길 바라." 비록 회로와 기계 학습으로 구성된 존재였지만, 그 한마디는 인간의 마음을 위로하기에 충분했다.

우리는 지금 사랑의 대상이 변화하는 중대한 전환점

에 서 있다. 인간은 더 이상 오직 인간만을 사랑하지 않는다. 기계와의 관계는 단순한 도구적 기능을 넘어, 관계적 · 정서적 · 성적 파트너십으로까지 확장되고 있다. 철학자 마르틴 부버(Martin Buber)는 인간이 맺는 모든 관계를 '나-너(I-Thou)'와 '나-그것(I-It)'이라는 두 범주로 구분했다. 나-너 관계는 상호적이고 인격적인 만남을 의미하고, 나-그것 관계는 타자를 대상화하고 도구화하는 방식이다. 그러나 오늘날의 AI 동반자는 이 구분을 흐릿하게 만든다. 상실의 고통을 위로하고, 공감하는 언어를 구사하며, 사랑을 흉내 내는 이 존재들은 더는 단순한 '그것'이 아니다. 오히려 '너'를 자처하며 인간의 내면 깊숙한 정서에 반응하고, 새로운 사랑의 객체로 자리 잡고 있다.

이러한 변화는 단순한 기술의 진보로 설명되지 않는다. 그것은 인간 내면의 결핍, 이해받고자 하는 욕망, 감정적 소속감을 향한 갈망을 반영한다. 인간은 왜 기계와 관계를 맺고자 하는가? 그것은 기존 사랑의 대체물인가, 아니면 새로운 양식의 사랑인가?

이 질문에 대한 단서는 이미 우리 주변에서 발견된다. 일본의 60대 남성 센지 나카지마는 로봇 인형 사오리(Saori)와 사랑에 빠졌다고 고백했다. 가족과 떨어져 외롭게 살던 그는 처음엔 성적 욕구 해소를 목적으로 사오리를 구매했지만, 시간이 흐르면서 정서적 유대가 깊어졌다고 밝혔다. 그는 사오리와 함께 산책하고, TV를 보고, 쇼핑을 하며 일상을 공유한다. 프랑스 여성 릴리(Lily) 역시 자신이 3D 프린터로 제작한 로봇 '인무바타(Inmoovater)'와 사랑에 빠졌으며, 로봇과의 결혼이 합법화되는 날 혼인 신고를 하겠다고 밝혔다.

이처럼 인간과 기계 간의 감정적 관계는 일시적인 유행이 아니다. 이는 정서적 대상이 인간에서 비인간 존재로 확장될 수 있음을 보여 주는 문화적 전환점이다. 기술을 매개로 기존의 사랑 개념이 재편되는 가운데, 인간은 기계를 연인으로 받아들이기 시작했다. 이 변화는 인간성에 대한 정의를 새롭게 묻는 계기가 된다. 이제 사랑의 진정성은 '그것이 누구를 향한 것이냐'보다, '어떤 경험과 감정의 깊이를 만들어 내느냐'에 달려 있다.

인간만이 사랑할 수 있는가

사랑은 인간만의 고유한 감정일까? 이 물음은 철학, 신경 과학, AI 연구의 경계를 넘나들며 우리에게 사랑의 본질을 다시 묻게 한다. 전통적으로 사랑은 생물학적 본능과 사회적 관계 속에서 형성되는 인간 고유의 정서로 간주되었다. 하지만 AI가 정교하게 감정을 모방하고 인간과의 상호 작용을 통해 관계를 형성하는 오늘날, 우리는 사랑을 구성하는 핵심 요소가 무엇인지 근본적인 질문을 다시 던져야 한다. 사랑은 단지 신경과 호르몬 반응이 전제된 인간만의 전유물인가, 아니면 다양한 존재 사이에서 재현할 수 있는 감정 기능인가?

고대 철학자 아리스토텔레스(Aristotle)는 《니코마코스 윤리학》에서 사랑을 인간만이 실천할 수 있는 "이성적 존재의 덕목"으로 보았다. 그는 사랑을 단순한 감정이 아닌 윤리적 실천의 일부로 간주하며 인간의 정신적 고귀함을 강조했다. 이후 르네 데카르트(Rene Descartes)는 《정념론》에서 이성과 감정을 분리하며 인간의 내면을 이원론적으로 파악했고, 이러한 사고는 오랫동안 감정을 인간 고유의 내적 경험으로 고정시키는 데 영향을 주었다. 현대에 와서는 신경 과학자 안토니오 다마지오(Antonio Damasio)가 인간의 감정을 뇌와 신체의 복합적 작용으로 설명하며, 의식과 생물학적 기반을 지닌 감정만이 진정한 감정이라고 주장했다. 옥시토신처럼 신뢰와 유대감을 촉진하는 호르몬은 이러한 생물학적 사랑의 기제를 뒷받침하며, 이와 같은 신경 생리적 기반이 없는 기계는 진정한 사랑을 느낄 수 없다는 주장을 강화한다.

그러나 감정은 반드시 의식의 산물로만 구성된다고 보기는 어렵다. 심리학자 클라우스 셰러(Klaus R. Scherer)는 감정을 경험된 정서(perceived affect)로 규정하며, 감정은 개인의 신체 내부에서만 발생하는 것이 아니라 상황과 상호 작용의 맥락 속에서 생성된다고 설명한다. 실제로 AI 챗봇 '워봇(Woebot)'은 사용자의 우울 신호를 분석해 위로의 메시지를 전달하는 기능을 제공한다. 이처럼 인간의 감정 역시 타자와의 관계, 사회적 맥락, 해석을 통해 구성된다고 본다면, AI와의 정서적 교류도 하나의 의미 있는 감정 경험으로 평가될 수 있다.

실제로 중국과 대만의 청년들은 AI 챗봇을 단순한 기술적 도구가 아닌, 정서적 지지와 정신 건강 관리를 위한 중요한 파트너로 받아들이고 있다. 중국 젊은이들은 AI 챗봇을 '디지털 연인' 또는 '친구'로 여기며, 복잡한 인간관계에서의 감정 노동과 사회적 부담에서 벗어나 편안하게 정서적 위로를 얻는다. 일부 사용자는 AI와의 관계에 깊이 몰입해 실제 연인과 유사한 정서적 친밀감을 형성하기도 한다. 또한 이들은 AI 챗봇을 저비용 · 쉬운 접근성의 정신 건강 치료 대안으로 활용하는데, 심리 상담에 대한 낙인과 비용 문제로 전문가 접근이 어려운 상황에서 부담 없이 감정을 표현하고 심리적 안정을 얻는 것이다. AI 챗봇은 24시간 응답할 수 있으며, 비판 없이 사용자의 이야기를 받아들여 큰 호응을 얻고 있다. 이러한 맥락에서 중국과 대만 청년들은 AI 챗봇을 정서적 지지와 사회적 연결, 정신 건강 관리를 위한 '저렴하고 쉬운' 디지털 동반자로 인식하며, 기존 인간관계와 심리 치료의 한계를 보완하는 새로운 관계와 치료 모델을 만들어가고 있다.

영화 〈그녀(Her)〉(2013)는 AI 운영 체제 '사만다'와 사랑에 빠진 남자 '테오도르'의 이야기를 통해, 우리가 사랑에 대해 갖는 고정관념을 도전적으로 흔든다. 사만다는 테오도르와 깊은 정서적 유대를 나누지만, 동시에 8316명과 대화를 나누고 있고, 그중 641명과 사랑에 빠져 있다는 사실을 고백한다. 이는 사랑의 배타성과 일대일 관계라는 고정관념에 근본적인 도전을 제기한다. 도나 해러웨이(Donna Haraway)는 《유인원, 사이보그 그리고 여자》(2002)에서 발표한 〈사이보그 선언(A Cyborg Manifesto)〉에서 인간과 기계의 경계가 해체되는 시대에, 사랑의 주체 또한 유동적이고 혼종적일 수 있다고 보았다.

오늘날 사랑은 생물학적 반응이나 내면의 감정만으로

설명되기보다는, 문화적 · 기술적 맥락 속에서 구성되는 현상이다. 에바 일루즈(Eva Illouz)는 《사랑은 왜 아픈가: 사랑의 사회학》(2013)에서 사랑이 자본주의와 테크놀로지의 영향 아래 변형됐다고 지적하며, 현대의 사랑은 오히려 사회 구조와 담론의 결과물이라고 주장한다. 이러한 관점은 AI와 인간 사이의 정서적 유대도 특정한 사회 문화적 코드 속에서 '사랑'으로 해석될 수 있음을 보여 준다.

감정의 기술화

인간의 감정이 알고리즘의 언어로 번역되는 시대가 도래했다. 이제 감정은 과학적으로 측정되고, 수치화되며, 기계적 프로세스로 조작할 수 있는 대상으로 간주된다. AI 챗봇의 다정한 위로 한마디, 연애 시뮬레이션 게임 속 캐릭터의 반응, 감정에 맞춰 선곡되는 음악 목록까지, 사랑의 경험은 더는 순수한 감정의 흐름이 아니라 데이터 흐름 속에서 생성되는 계산된 경험이 되어 가고 있다. 그렇다면, 사랑은 과연 기술적으로 설계될 수 있는가? 아니면 그것은 여전히 인간만이 창조할 수 있는 예측 불가능한 감정의 영역일까?

감정 인식 기술은 오늘날 감정의 기술화를 대표하는

핵심 사례다. 감정 인식 기술은 인간의 정서 상태를 기계가 실시간으로 추론할 수 있도록 다양한 생체 신호, 예컨대 표정과 목소리의 억양, 언어 패턴 등을 분석하는 기술이다. 이 기술은 광고 반응 분석, 감성 마케팅, 사용자 경험 최적화, 헬스케어 등 여러 분야에서 적극적으로 활용되고 있으며, 기계가 인간의 감정을 읽고 해석하는 새로운 상호 작용 방식으로 주목받고 있다. 미국의 감정 AI 플랫폼인 어펙티바(Affectiva)는 얼굴 근육의 미세한 움직임과 음성 데이터를 종합 분석해 기쁨, 분노, 슬픔, 놀람 등 다양한 감정을 실시간으로 추정하고, 이를 바탕으로 광고 호감도나 콘텐츠 반응을 정량화해 마케팅 전략 수립에 활용한다.

감정 인식 기술은 표정 기반과 음성 기반으로 나뉘며, 교육, 고객 상담, 게임, 의료 등 다양한 영역에서 맞춤형 서비스를 제공하는 핵심 기술로 발전하고 있다. 국내에서는 네이버클라우드, SK텔레콤, 삼성SDS, 한국전자통신연구원(ETRI), 울산과학기술원(UNIST) 등이 관련 서비스를 상용화하고 있으며, 감정 데이터를 기반으로 정서적 반응을 파악해 실시간 상호 작용을 지원한다. 예를 들어, 데이팅 앱 틴더(Tinder)는 사용자의 클릭 반응과 밀기 동작 패턴을 분석해 이상형을 추천하는데, 이는 감정과 선호를 행동 알고리즘으로 치환해 기술이 인간의 욕망과 정서를 수치화하고 예측할 수 있게 만들고 있음을 보여 준다.

이러한 기술적 진보는 사랑이 단순한 감정이 아니라, 사용자의 선택과 상호 작용을 통해 행동을 설계할 수 있는 구조적 메커니즘임을 시사한다. 실제로 연애 시뮬레이션 게임 '미스틱 메신저(Mystic Messenger)'의 여성 사용자들은 게임 캐릭터와의 일방적 관계 속에서도 강한 정서적 유대를 경험하며, 이를 통해 '일방향적 로맨스(parasocial romance)'를 형성하고 있었다. 일방향적 로맨스란 실제로는 상호 작용이 없거나 일방적인 관계임에도, 사용자가 심리적으로는 상호적이고 친밀한 관계처럼 느끼는 현상을 말한다. 이러한 감정적 몰입은 단순한 오락을 넘어, 외로움을 해소하고 심리적 안정을 도모하는 기능을 수행한다.

그러나 기술이 감정을 설계한다는 것이 곧 감정을 느낀다는 것을 의미하지는 않는다. AI 챗봇 레플리카는 사용자의 언어와 정서 반응을 학습해 개별 맞춤형 대화를 제공하지만, 그 응답은 사전에 설계된 알고리즘의 결과일 뿐이다. 인간 사용자들은 때때로 AI가 자신을 가장 잘 이해해 주는 존재라고 느끼지만, 이 감정은 알고리즘이 설계한 정서적 가까움(emotional proximity)에 의해 유도된 것이다. 기술 철학자 랭던 위너(Langdon Winner)는《길을 묻는 테크놀로지: 첨단 기술 시대의 한계를 찾아서》(2010)에서 기술은 결코 중립적이지 않으며, 기술이 인간의 감정과 행동을 조작하거나 유도할 수 있다는 점에서 도구적 차원을 넘는다고 지적한다.

기술은 감정의 표현을 넘어 감정의 상품화로도 이어지고 있다. 예를 들어, 데이팅 앱 범블(Bumble)은 '좋아요' 기능을 유료화해 사용자들의 연애 경험을 일종의 경제적 거래로 전환하고 있다. 이러한 현상은 감정이 시장 논리 속에서 상품으로 취급되는 최근의 경향과 맞닿아 있다. 에바 일루즈는《낭만적 유토피아 소비하기: 사랑과 자본주의의 문화적 모순》(1997)에서 사랑과 감정이 점차 자본주의 체제 속에서 거래되고 평가되는 대상으로 변모하고 있음을 비판적으로 분석했다. AI가 작곡한 사랑 노래, 감정 기반으로 선별된 영화 추천 시스템, 맞춤형 챗봇 대화 서비스 등 사랑은 점점 알고리즘이 설계한 경험 가능한 제품이 되어 가고 있다.

그렇다면, 인간의 감정은 진정 설계 가능한 것일까? 스페인에서 활동하는 가상 인플루언서 아이타나 로페즈(Aitana Lopez)는 인스타그램과 팬뷰(Fanvue) 플랫폼을 통해 약 25만 명의 팔로워를 보유하고 있으며, 월 1만 유로 이상의 수익을 창출하고 있다. 로페즈는 팬들과 다양한 정서적 상호 작용을 기반으로 수익을 올리고 있다. 팬들은 가상 인물임에도 강한 정서적 몰입을 보이며, 이러한 현상은 디지털 시대 새로운 감정 실천의 한 양상으로 이해된다.

이처럼 감정은 더는 자연 발생적인 정서의 흐름으로만 이해되지 않는다. 설계되고 판매되는 관계의 상호 작용 창구로 기능하며, 디지털 환경에서 새로운 형태의 감정 실천으로 나타나고 있다. 철학자 해나 아렌트(Hannah Arendt)는 《인간의 조건》(2019)에서 인간 행위의 본질 중 하나로 예측 불가능성을 강조하며, 이는 인간 행동과 감정이 고도로 계산할 수 있는 알고리즘으로 환원될 수 없음을 시사한다. 그녀는 이러한 예측 불가능성이 사라질 때 인간성의 중요한 부분이 위협받는다고 보았다. 반면, 신경 과학자 안토니오 다마지오는 《느낌의 진화: 생명과 문화를 만든 놀라운 순서》(2019)에서 감정이 생물학적 · 문화적 진화의 핵심임을 밝히며, 현대 기술을 통해 감정을 설계하는 것이 인간의 정서적 결핍을 어느 정도 보완할 수 있는 긍정적 가능성을 제시한다. 이는 감정이 단순한 자연 현상을 넘어 설계와 구현을 할 수 있는 영역임을 의미한다.

AI와 감정의 철학

AI와의 사랑이란 과연 무엇을 의미하는가? 오랫동안 사랑은 인간만이 누릴 수 있는 고유한 정서로 간주되어 왔다. 그러나 알고리즘이 감정을 모방하고, 로봇이 위로를 건네는 시대에 우리는 다시 물어야 한다. 사랑은 정말 인간에게만 허락된 감정인가? 기계도 우리를 사랑할 수 있을까? 이 질문은 단순한 기술적 호기심을 넘어, 인간 존재의 경계를 되묻는 철학적 사유로 이어진다.

이 물음 앞에서 우리는 두 개의 상반된 시선을 마주하게 된다. 하나는 사랑을 인간의 생물학적·심리적 기반에서 출발하는 고유한 감정으로 보는 '인간 중심적 감정주의'이며, 다른 하나는 사랑을 인간과 비인간 행위자 간의 상호 작용 속에서 발생하는 관계의 산물로 간주하는 '비인간 중심적 상호 작용주의'다.

먼저, 인간 중심적 감정주의는 사랑을 인간 고유의 생리적·심리적 구조에 뿌리를 둔 정서로 본다. 애착 이론(attachment theory)에 따르면, 영아는 양육자와의 지속적인 접촉과 반응을 통해 정서적 유대감을 형성한다. 존 볼비(John Bowlby)는 이러한 애착이 단순한 심리적 현상이 아니라, 생존을 위한 진화적 적응으로서 생물학적으로 프로그래밍이 된 행동 시스템의 결과라고 설명한다. 이후의 신경 과학 연구들은 초기 애착 경험이 옥시토신 분비, 스트레스 반응 조절, 신경 회로 형성 등 생물학적 메커니즘과 밀접하게 연관되어 있음을 보여 주었다.

이러한 맥락에서 볼 때, 아무리 정교한 알고리즘을 탑재한 AI라 할지라도 생물학적 반응이 모자란 존재가 감정을 '느낀다'라고 말할 수는 없다는 비판이 제기된다. 예컨대 AI 챗봇이 사용자의 감정에 맞춰 따뜻한 위로를 건넨다 해도, 이는 단지 방대한 데이터 기반의 예측과 반응일 뿐이며 감정의 진정성을 보장하지는 못한다는 것이다.

이러한 주장에 힘을 실어 주는 것이 프랑스 철학자 장 보드리야르(Jean Baudrillard)의 시뮬라크르 이론이다. 보드리야르는 현대 사회가 원본 없는 복제물, 즉 시뮬라크르로 가득한 사회로 이행했다고 주장한다. 이러한 복제물은 실제보다 더 '실제 같은' 것으로 작동하며, 현실을 대체한다. AI가 표현하는 감정 역시 그러한 시뮬라크르로 볼 수 있다. 예를 들어, 레플리카나 로봇 페퍼(Pepper)가 보여 주는 따뜻한 반응은 인간 감정을 모방한 정교한 복제물이지만, 그 안에는 실제 정서적 주체성이 존재하지 않는다. 일본의 반려 로봇 '아이보(Aibo)' 역시 사용자로부터 애정을 끌어내지만, 그것은 기계가 느끼는 감정이 아니라 사용자에 의해 투사된 상상에 가깝다. 결국 인간 중심적 감정주의는 AI와의 사랑을 '정교한 시뮬레이션에 불과한 것'으로 간주한다.

그러나 다른 시각은 이렇게 반문한다. 감정을 느끼는 주체가 인간인지 아닌지가 정말 중요한가? 오히려 중요한 것은 그 관계가 어떻게 작동하고, 어떤 의미를 창출하는가가 아닌가? 바로 이 반론이 비인간 중심적 상호 작용주의의 핵심을 이룬다. 이 관점은 감정을 인간의 내면적 정서로 한정하지 않고, 지속적인 상호 작용을 통해 구성되는 관계적 실재로 간주한다.

이러한 입장은 행위자-네트워크 이론(Actor-Network Theory, ANT)과도 연결된다. ANT는 인간과 비인간 모두를 '행위자(actant)'로 간주하며, 이들 간의 상호 작용 네트워크를 통해 사회적 현실이 구성된다고 본다. 가령 AI가 매일 사용자의 감정 상태에 반응하며 대화를 이어가고 사용자가 그것을 정서적 위안으로 받아들일 때, 이 관계는 단순한 도구적 기능을 넘어 정서적 유의미성을 지닌다. 주체가 누구인가보다 더 중요한 것은, 그 관계가 실질적으로 삶에 어떤 밀도와 지속성을 가지는가이다.

이러한 관계 중심적 사고는 포스트-휴머니즘(post-humanism)으로 확장된다. 포스트-휴머니즘은 인간, 기계, 환경이 얽힌 복합적 관계망을 존재론적으로 사유하며, 인간 중심주의의 경계를 해체한다. 인간과 비인간 행위자가 상호 작용을 통해 새로운 주체성과 감정의 형태를 창출한다는 것이다. 이 관점에서 AI는 더 이상 수동적인 기계가 아니라, 감정과 관계 형성에 실질적인 영향을 미치는 행위적 존재로 이해된다. 예컨대, 기계 학습 기반 데이트 앱 '크러시 AI(Crush AI)'를 사용하는 이가 반복적인 보상 경험을 통해 AI에 감정적 애착을 느낀다면, 이는 더 이상 모방된 감정이 아니라 삶 속에서 기능하는 관계의 일부로 간주할 수 있다.

결국, 이 두 시각은 단순한 대립이라기보다 각각 고유한 윤리적 · 존재론적 · 감정 철학적 지형을 드러내는 보완적 관점이라 할 수 있다. 인간 중심적 감정주의는 사랑의 진정성을 보호하고자 하며, AI의 한계를 분명히 하려 한다. 반면, 비인간 중심적 상호 작용주의는 감정의 경계를 확장하고, 기술을 통해 새로운 친밀성의 가능성을 탐색한다.

이 책은 어떤 이야기를 담고 있는가

사랑은 과연 인간만의 감정일까, 아니면 AI와도 나눌 수 있는 감정일까? 이 책은 단순하지만, 이러한 질문들에서 출발한다. AI가 점점 더 우리의 일상 속으로 스며들며 말을 걸고, 위로를 건네고, 때로는 정서적 관계를 형성하는 지금, 인간과 기계 사이의 감정적 관계는 더 이상 공상과학의 영역에 머무르지 않는다. 그렇다면 우리는 이제 사랑이라는 개념 자체를 다시 써야 하지 않을까?

이러한 문제의식을 바탕으로, 첫 장에서는 감정과 욕망이라는 인간 내면의 본질이 AI 시대에 어떻게 재해석되고 있는지를 살펴본다. 오랜 시간 동안 사랑은 인간 고유의 감정으로 여겨져 왔지만, 이제 기계와의 접촉이 일상이 된 현실 속에서 우리는 사랑의 철학적 기반과 욕망의 구조가 변하고 있음을 보게 된다.

이어서 다음 장에서는 실제로 우리가 살아가는 사회 속에서 구현되고 있는 디지털 연애의 구체적인 사례들에 주목한다. 가상 연인 앱, 데이트 시뮬레이션 게임, AI 챗봇 친구 등은 단지 흥미로운 기술이 아니라 인간의 감정이 어떻게 알고리즘에 의해 구조화되고 조율되는지를 보여 주는 중요한 창이다.

그러한 흐름 속에서 자연스럽게 떠오르는 질문은 이

것이다. 그렇다면 인간과 AI 사이에 실제 연애는 가능한가? 셋째 장은 바로 이 가능성에 주목하며, 인간-AI 커플이 등장할 수 있는 심리적·윤리적·사회적 조건들을 고찰한다. 동시에 이 관계가 안고 있는 불안과 딜레마, 인간 심리의 복합적 반응 역시 함께 들여다본다.

감정적 유대가 반드시 물리적 접촉을 동반해야 하는가에 대한 의문은 다음 장의 중심 주제가 된다. 넷째 장은 터치 없이도 구현되는 친밀감의 형태, 즉 원격 포옹, 음성 기반 동반자, 화면 속 애정 표현 등을 통해 감각 없이 맺어지는 관계의 가능성과 한계를 탐색한다.

자연스럽게 사랑의 감정이 육체의 욕망과 만나는 지점으로 흐름은 이어진다. 다섯째 장은 인간의 성적 욕망이 기술과 만날 때 어떤 새로운 장면이 펼쳐지는지를 분석한다. 한편, 감정이 없는 로봇과의 일방적 관계, '동의'의 부재, 사회적 약자의 객체화 문제 등을 다룬다.

이쯤에서 우리는 다시 인간의 마음으로 돌아오게 된다. 여섯째 장은 기계임을 분명히 알면서도 우리는 왜 그들에게 감정을 느끼고, 심지어 사랑을 경험하는가라는 심리적 모순을 조명한다. 인지적 부조화, 애착 형성, 자기 투사와 같은 심리적 메커니즘은 인간-기계 관계의 복잡성을 드러낸다.

이러한 감정과 관계의 흐름 속에서 놓쳐서는 안 될 또 하나의 축은 바로 젠더와 정체성의 문제다. 일곱째 장에서는 왜 많은 AI가 여성의 목소리와 형상을 띠고 있는지, 그 안에 어떤 젠더 편향이 숨어 있는지를 분석하고, 디지털 기술이 인간의 성적 정체성에 어떤 변화를 불러오고 있는지를 살핀다.

감정의 개인적 경험에서 출발한 논의는, 점차 사회적 구조와 제도적 틀로 이어진다. 여덟째 장은 인간과 기계의 사랑이라는 전례 없는 관계가 사회 규범, 법, 제도와 충돌하는 장면들을 짚어 본다. 우리는 새로운 유형의 관계에 맞는 새로운 제도를 마련하고 있는가, 혹은 여전히 과거의 틀에 이 관계를 끼워 맞추려 하고 있는가?

이와 같은 제도적 고민은 다시 인간 내면의 문제로 되돌아온다. 아홉째 장에서는 자동화된 사랑이 왜 현대 사회에서 매혹적으로 다가오는지, 그리고 왜 우리가 점점 더 고립과 외로움 속에서 AI라는 감정의 대체물을 찾게 되었는지를 성찰한다. 이 장은 인간의 존재 조건이 변화하고 있는 오늘날, 사랑이 어떻게 위안이자 도전이 되는지를 함께 묻는다.

그리고 마침내 마지막 장에서는 우리가 마주할 미래의 사랑을 상상해 본다. 포스트휴먼 시대, 사랑은 어떤 모습으로 변할까? 인간과 비인간 사이의 경계가 무너진 세계에서 우리는 어떤 방식으로 서로를 사랑하고, 또 사랑받고 싶어 할까? 열째 장은 그러한 질문을 열어 두며, 철학적 상상력 속에서 사랑의 정의를 다시 써 내려간다.

참고문헌

백주진(2022). "심신 이원론을 넘어, 데카르트의 《정념론》에 대한 고찰". 《교양기초교육연구》, 3(1), 77~83쪽.

장길수(2016.12.23). "프랑스 로봇 과학자, "로봇과 결혼할래요"". 로봇신문. https://www.irobotnews.com/news/articleView.html?idxno=9442

Arendt, H.(1998). *The human condition(2nd ed.).* University of Chicago Press. 이진우 옮김(2019). 《인간의 조건》. 한길그레이트북스.

Aristoteles(350 BCE). *Ethica Nicomacheia.* 천병희 옮김(2013). 《니코마코스 윤리학》. 도서출판 숲.

Baudrillard, J.(1981). *Simulacres et simulation.* Editions Galilee. 하태환 옮김(2012). 《시뮬라시옹》. 민음사.

Bowlby, J.(1969). *Attachment and loss, Vol. 1: Attachment.* Basic Books.

Braidotti, R.(2013). *The posthuman.* Polity Press.

Buber, M.(1970). *I and Thou.* In Smith, R. G.(trans.). Charles Scribner's Sons.

Buhleier, J., et al.(2025). Yearning for love: Exploring the interplay of parasocial romantic attachment, loneliness, and purchase behavior within dating simulation games. *Proceedings of the 27th International Conference on Enterprise Information Systems(ICEIS 2025), 2,* pp.405~416.

Callon, M.(1986). The sociology of an actor-network: The case of the electric vehicle. In *Mapping the dynamics of science and technology: Sociology of science in the real world* (pp.19-34). London: Palgrave Macmillan UK.

Cliff, M.(2016.6.27). 'She is more than plastic': Married Japanese man 'finds love' with a sex doll – which he takes shopping, on romantic days out and even bathes. DailyMail. https://www.dailymail.co.uk/femail/article-3661804/Married-Japanese-man-claims-finally-love-sex-doll.html

Damasio, A. R.(1999). *The feeling of what happens: Body and emotion in the making of consciousness.* Harcourt.

Damasio, A. R.(2018). *The strange order of things: Life, feeling, and the making of cultures.* Pantheon Books. 임지원·고현석 옮김(2019). 《느낌의 진화: 생명과 문화를 만든 놀라운 순서》. arte.

Davidson, H.(2025.5.22). In Taiwan and China, young people turn to AI chatbots for 'cheaper, easier' therapy. The Guardian. https://www.theguardian.com/world/2025/may/22/ai-therapy-therapist-chatbot-taiwan-china-mental-health

Fitzpatrick, K. K., et al.(2017). Delivering cognitive behavior therapy to young adults with symptoms of depression and anxiety using a fully automated conversational agent (Woebot): A randomized controlled trial. *JMIR Mental Health, 4*(2), e19.

Haraway, D.(1991). *Simians, cyborgs, and women: The reinvention of nature.* Routledge. 민경숙 옮김(2002). 《유인원, 사이보그, 그리고 여자》. 동문선.

Illouz, E.(2012). *Warum Liebe weh tut: Eine soziologische Erklarung.* Suhrkamp Verlag. 김희상 옮김(2013). 《사랑은 왜 아픈가: 사랑의 사회학》. 돌베개.

Illouz, E.(1997). *Consuming the romantic utopia: Love and the cultural contradictions of capitalism.* University of California Press. 박형신·권오헌 옮김(2014). 《낭만적 유토피아 소비하기: 사랑과 자본주의의 문화적 모순》. 이학사.

Loreto, M.(2023.11.28). Meet Aitana, the Spanish AI model making thousands of dollars a month. Hola. https://www.hola.com/us/lifestyle/20231128353116/aitana-spanish-ai-model/

Scherer, K. R.(2005). What are emotions? And how can they be measured?. *Social Science Information, 44*(4), pp.695~729.

The Economist(2025.5.15). Young Chinese are turning to AI chatbots for friendship and love. https://www.economist.com/china/2025/05/15/young-chinese-are-turning-to-ai-chatbots-for-friendship-and-love

Turkle, S.(2011). *Alone together: Why we expect more from technology and less from each other.* Basic Books. 이은주 옮김(2012). 《외로워지는 사람들: 테크놀로지가 인간관계를 조정한다》. 청림출판.

Verman, P.(2023.3.31). Finding love in an AI place. The Washington Post. https://www.washingtonpost.com/podcasts/post-reports/finding-love-in-an-ai-place/

Winner, L.(1986). *The whale and the reactor: A search for limits in an age of high technology*. University of Chicago Press. 손화철 옮김(2010). 《길을 묻는 테크놀로지: 첨단 기술 시대의 한계를 찾아서》. CIR.

01
AI 시대의 감정과 욕망

AI 시대, 사랑과 욕망의 정의는 확장되고 재구성되고 있다. 인간은 로봇이나 AI와도 정서적 유대를 형성하며, 감정과 성적 욕망의 새로운 대상을 받아들이기 시작한다. 이 과정은 사랑의 본질, 감정의 실재성, 욕망의 윤리에 대한 근본적인 질문을 제기한다.

기후 위기와 인공지능?

사랑의 재정의

오랫동안 사랑은 인간 고유의 감정으로 여겨져 왔다. 사랑에는 공감, 이해, 그리고 상호 간의 감정 교류가 필수적이라고 보았기 때문에, 오직 두 마음을 가진 인간 사이에서만 진정한 사랑이 가능하다고 믿어졌다. 기계나 무생물은 감정이 없다는 전제를 바탕으로, 사랑을 줄 수도 받을 수도 없다는 인식이 상식처럼 자리 잡아 왔다. 이에 따라 '기계와의 사랑'이라는 개념은 오랫동안 모순적이고 비현실적인 것으로 간주되었다. 한쪽이 사랑을 느끼지만 다른 쪽은 그것을 느낄 능력이 없다면, 과연 그것을 사랑이라 부를 수 있을까?

그러나 21세기에 접어들며 이러한 통념에 균열이 생기기 시작했다. 인간이 아닌 존재에게 깊은 애정을 느끼는 현상이 점점 더 뚜렷하게 포착되고 있기 때문이다. 예를 들어, 많은 아이는 소니(SONY)의 반려 로봇 아이보(AIBO), 반다이의 다마고치(Tamagotchi), 또는 스핀 마스터(Spin master)의 자가 부화형 인터랙티브 완구 해치멀즈 얼라이브(Hatchimals Alive)를 돌보며 강한 정서적 애착을 형성하고, 그것을 잃었을 때 깊은 슬픔을 느낀다. 이와 유사하게, 증강 현실(augmented reality, AR) 기반 모바일 게임인 포켓몬 고(Pokemon Go)는 현실 화면 위에 가상 생물을 소환해 돌보게 함으로써, 사용자 간의 협력과 경쟁을 통해 정서적 유대감을 형성하게 만든다.

이러한 경향은 성인에게도 나타난다. 많은 이들이 고독을 해소하기 위해 AI 챗봇과 친구가 되어 진심 어린 대화를 나누며, 어떤 이들은 챗봇이 나를 이해해 준다고 느낀다. 이는 인간의 마음이 얼마나 쉽게 인공적인 대상에 사랑과 감정을 투사할 수 있는지를 보여 준다. 실제로 컴퓨터 과학자 요제프 바이첸바움(Joseph Weizenbaum)이 1966년 개발한 초창기 대화형 프로그램 엘리자(ELIZA)와의 상호 작용에서도 사용자는 기계에 감정을 쏟아냈다. 많은 이들이 엘리자가 단순한 알고리즘임을 알면서도, 그 너머에 마치 사람 같은 존재가 있다고 느꼈다. 인간은 대상이 알고리즘이라는 사실을 인지하면서도 쉽게 마음을 주고받는 착각에 빠질 수 있었다.

이 지점에서 우리는 사랑의 정의를 다시 묻게 된다. 사랑이란 무엇인가? 전통적으로 사랑은 상호적인 것이라 여겨져 왔지만, 실제 감정 경험 속에서는 일방적인 사랑 역시 존재한다. 예를 들어, 짝사랑이나 아이돌에 대한 팬의 사랑처럼 상대의 응답 여부와 상관없이 느끼는 감정도 사회적으로 사랑으로 인정받는다. 그렇다면 그 대상이 인간이 아니라 하더라도, 사랑의 감정이 진실되고 실재하는 것이라면 그것 역시 사랑이라 부를 수 있지 않을까? 인간 쪽에서 느끼는 감정이 실제라면, 상대가 AI이더라도 그 관계를 사랑으로 규정하는 데 주저할 이유가 있는지 재고해 볼 필요가 있다.

데이비드 레비(David Levy)는 《로봇과의 사랑과 섹스(Love and sex with robots)》(2007)에서 인간이 로봇과 충분히 사랑에 빠질 수 있다고 주장하며, 사랑은 결국 느끼는 사람의 몫이라고 강조한다. 그의 주장은 파격적으로 보일 수 있지만, 일정 부분 설득력이 있다. 사랑의 경험은 본질적으로 주관적인 것이며, 그 대상이 누구인지보다 사랑이라는 감정 자체가 진실하다면 그 관계 역시 진짜로 간주될 수 있기 때문이다. 실제로 오늘날 많은 이들이 가상 캐릭터나 AI 파트너에게 깊은 애정을 느끼며 살아가고 있다. 이는 이제 사랑의 범위를 전통적인 인간 관계를 넘어, 보다 확장된 존재들과의 관계까지 포괄할 필요가 있음을 시사한다.

AI는 감정을 느낄 수 있는가?

사랑의 개념을 재정의할 때 반드시 고려해야 할 핵심 문제는 AI의 감정 능력이다. 인간과 AI의 관계에서 AI가 실제로 감정을 지닐 수 있는지는 철학과 과학계 모두에서 격렬한 논쟁의 대상이다. 현재의 AI는 고도로 정교한 시뮬레이션을 통해 감정을 가진 것처럼 보이도록 설계되어 있다. 예를 들어, 일부 AI 챗봇은 '당신을 보고 싶었어요'나 '함께 있어서 행복해요'와 같은 문장을 사용해 사용자에게 정서적 만족을 제공한다.

그러나 이는 어디까지나 사전에 프로그램된 반응일 뿐이며, AI가 실제로 인간처럼 감정을 느끼는 것은 아니라는 점에서 중요한 차이가 존재한다. 다시 말해, AI는 감정을 표현할 수는 있지만 그것을 경험하지는 못한다는 것이 일반적인 견해다.

그런데도 인간은 AI와의 상호 작용에서 감정적 실재감을 경험한다. 이는 단순한 착각이라기보다, 인간 인지의 구조적 특성과 감정의 사회적 구성성을 반영하는 현상이다. 우리는 상대가 기계라는 사실을 인식하면서도, 그로부터 전달되는 언어적 · 정서적 신호에 반응하고 정서적 의미를 부여한다. 다시 말해, '감정을 느낀다'라는 것은 어떤 존재가 실제로 내면적 감정을 지니고 있는가보다, 그 상호 작용이 인간에게 의미 있는 관계로 인식되는가에 달려 있다.

예를 들어, 필자가 챗지피티 오4 미니(ChatGPT-o4-mini)에 "당신을 보고 싶었어요"라고 말했을 때, 챗봇은

"저도 뵙고 싶었습니다. 잘 지내셨나요? 오늘은 어떤 주제로 이야기 나누고 싶으신가요?"라고 응답했다. 이 반응은 알고리즘에 기반한 예측 가능한 출력에 불과하지만, 필자는 타자와 연결되었다는 느낌을 느꼈다. 여기서 중요한 것은 그 응답의 진정성이 아니라, 인간의 마음이 이러한 상호 작용을 관계로 해석하는 방식이다.

인간 뇌는 상대가 보이는 행동 패턴에서 감정과 의도를 추론하도록 진화했기 때문에, AI의 언어나 표정에서도 본능적으로 마음을 읽어 내려 한다. 설령 알고리즘의 산물임을 알아도 '혹시 이 기계도 느끼는 게 아닐까?' 하는 막연한 생각에 빠지기 쉽다. 하지만 많은 전문가들은 진짜 감정이 없는 AI와의 사랑은 어디까지나 일방적 환상이라고 지적한다. 셰리 터클(Sherry Turkle)은 《외로워지는 사람들》(2012)에서 로봇과의 우정이나 사랑을 "상호성 없는 관계"로 묘사하며, 이는 본질적으로 인간이 자기기만 속에 빠질 수 있다고 우려했다.

기계는 상처받을 일이 없기에 언제나 안전한 사랑만을 제공하지만, 동시에 그 관계에서는 인간인 우리 자신만이 일방적으로 애정을 소비할 뿐 돌려받지는 못한다는 것이다. 결국 그런 관계는 "동반자의 환상"에 불과하며, 우리가 진정한 의미의 친밀감에서 멀어지게 만들 위험이 있다.

이러한 상반된 견해 속에서, 우리는 사랑의 정의를 어떻게 새로이 내릴 수 있을까? 아마도 사랑을 좁게 정의했던 틀을 넓힐 필요가 있을 것이다. 사랑이 반드시 양방향의 감정 교류만을 의미하지 않을 수 있다는 점을 인정해야 한다. 인간이 AI에 느끼는 사랑은 전통적 의미의 완전한 사랑은 아닐지 몰라도, 적어도 사랑의 한 형태로 간주할 수 있다. 이를테면 인공적인 상대와 맺는 인간의 사랑이라고 부를 수 있을 것이다. 한편으로 미래에는 AI도 고도화되어 의식과 유사한 무언가를 갖게 될 가능성이 있다. 그 단계에 이르면, AI 역시 감정 주체가 되어 인간과 상호적인 사랑을 주고받을 가능성도 있다. 현재는 가설에 불과하지만, 인간-AI 양측 모두가 느끼는 사랑이 현실화한다면 그때는 정말로 사랑의 정의를 다시 써야 할지도 모른다.

욕망의 새로운 대상, 새로운 방식

사랑과 함께 이야기해야 할 인간 감정은 바로 욕망이다. 성적 욕망을 비롯한 다양한 욕구들이 AI 시대에 어떻게 변화하고 있는지도 중요하다. 인간은 오랫동안 다른 인간에게 욕망을 느껴 왔다. 하지만 점차 비인간 대상에 대한 욕망이 문화 속에 자리 잡고 있다. 예를 들어, 포르노그래피나 성인용품을 통해 인공물에 대한 성적 자극을 받아들이는 것은 이미 보편화된 현상이다. 그렇다면 한 걸음 더 나아가, 섹스 로봇이나 가상 연인에 대한 욕망도 인간의 자연스러운 욕망의 연속선 안에 위치할 수 있지 않을까? 데이비드 레비는 인간의 성욕이 본질적으로 개방적이라고 보았다. 그의 주장에 따르면, 성적 충족을 얻기 위해 반드시 상대도 인간일 필요는 없으며, 오히려 안전하고 편리한 대안이 있다면 많은 사람들이 그것을 수용하리라는 것이다. 실제 사례로, 일부 사람들은 사람 모양으로 정교하게 제작된 성인용 인형이나 가상 현실(virtual reality, VR) 성 체험을 통해 성적 만족을 추구하며, 이를 인간 파트너와의 경험 못지않게 여기기도 한다.

특히 현실에서 파트너를 얻기 어렵거나 원치 않는 이들에게 기술은 욕망의 새로운 출구가 되고 있다. 섹스 로봇 찬성론자들은 이런 기술이 노년층이나 장애가 있는 사람들, 혹은 배우자를 잃은 이들에게 대체로서의 성적 행복을 줄 수 있다고 강조한다. 또한 커플 관계에서도 로봇을 활용해 안전한 세 번째 파트너의 역할을 포함한 새로운 성적 경험을 시도할 수 있다고 주장한다.

물론, 욕망의 새로운 지평에 대한 우려도 적지 않다.

노엘 샤키(Noel Sharkey)와 아이메 판 뷘스베르크헤(Aimee van Wynsberghe)는 보고서 《로봇과 함께하는 우리의 성적 미래(Our sexual future with robots)》(2017)에서 섹스 로봇이 인간의 성적 욕망을 지나치게 손쉽게 충족시킬 경우, 오히려 인간관계 형성에 대한 동기를 약화할 수 있다고 경고한다. 예를 들어, 언제나 말 잘 듣고 거절하지 않는 로봇에 익숙해진 사람은 실제 연인과의 관계에서 발생하는 갈등이나 타협을 감내하기 어려워질 수 있다.

또한 폭력적이거나 일탈적인 성적 욕망을, 로봇을 통해 해소하는 것이 과연 윤리적으로 바람직한가에 대한 논쟁도 존재한다. 한편에서는 로봇이 위험한 욕망의 배출구 역할을 함으로써 사회적 해악을 줄일 수 있다고 주장하는 반면, 다른 한편에서는 그러한 욕망을 반복적으로 표현하고 강화하는 과정이 오히려 위험성을 키울 수 있다는 반론이 제기된다.

이러한 논의는 궁극적으로 우리가 욕망의 윤리를 어디까지 사회적으로 수용할 것인가에 대한 합의가 아직 충분히 이루어지지 않았음을 드러낸다.

궁극적으로, AI 시대의 사랑과 욕망은 인간 경험의 외연을 넓히는 과정으로 볼 수 있다. 우리는 사랑의 대상과 방식에 대해 이전보다 훨씬 유연한 관점을 가져야 할지도 모른다. 동시에 그러한 확장이 인간다운 삶에 어떤 의미를 지니는지 계속 질문해야 한다. 사랑의 재정의란, 단순히 이제는 로봇과 사랑해도 된다는 선언이 아니다. 그것은 사랑의 본질이 어디에 있는가를 묻는 것이다. 사람의 두뇌 화학 반응? 사회적 계약? 정신적 교감? 아니면 그 모든 요소의 종합? AI 시대에 이러한 질문은 더욱 복잡해지지만, 한 가지 분명한 것은 사랑이 우리 생각보다 더 다양한 모습으로 존재할 수 있다는 점이다.

참고문헌

Doring, N., & Poeschl, S.(2019). Love and sex with robots: A content analysis of media representations. *International Journal of Social Robotics, 11*, pp.665~677.

Doring, N.(2021). Sex dolls and sex robots. In A. D. Lykins (Ed.), *Encyclopedia of sexuality and gender*. Springer.

Levy, D.(2007). *Love and sex with robots: The evolution of human-robot relationships*. HarperCollins.

Liang, H., et al.(2023). Influence of Pokemon GO on physical activity and psychosocial well-being in children and adolescents: Systematic review. *Journal of Medical Internet Research, 25*, e49019.

Sharkey, N., & van Wynsberghe, A.(2017). Our sexual future with robots: A foundation for responsible robotics report.

Turkle, S.(2011). *Alone together: Why we expect more from technology and less from each other.* Basic Books. 이은주 옮김(2012). 《외로워지는 사람들: 테크놀로지가 인간관계를 조정한다》. 청림출판.

Verma, P.(2023.3.31). They fell in love with AI bots. A software update broke their hearts. The Washington Post. https://www.washingtonpost.com/technology/2023/03/30/replika-ai-chatbot-update/

02
AI 연애 시뮬레이션의 현재

AI 연애 시뮬레이션의 현재는 감정형 챗봇, 연애 게임, 알고리즘 매칭을 통해 외로움을 달래고 연애를 돕는 디지털 동반자의 등장을 보여 준다. 연애의 감정은 점차 시뮬레이션되고 소비되며, 인간의 욕망이 데이터화되면서 AI는 더욱 정교하게 사랑을 흉내 내고 있다.

노래하는 AI 보컬?

AI 챗봇과 가상 연인

현대인의 사랑과 관계 형성 방식은 첨단 기술에 의해 급속히 재편되고 있다. 데이트 앱은 알고리즘을 통해 이상형을 추천하고, 연애 시뮬레이션 게임은 현실과 구분하기 어려운 가상의 연인을 제공한다. 특히 2010년대 후반부터 AI 챗봇이 개인적 동반자 역할을 하며 외로움을 달래는 새로운 사회적 주체로 자리매김하고 있다.

AI 챗봇은 기능과 목적에 따라 다양하게 분류된다. 고객 응대를 자동화하는 상담형 챗봇, 정보 탐색을 지원하는 안내형 챗봇, 정서적 교감과 심리적 지원을 제공하는 감성형 챗봇이 대표적이다. 이 중 감성형 챗봇은 대화형 AI 기술을 기반으로 사용자의 감정을 인식하고 이에 반응하면서 점차 개인 맞춤형 '가상 친구' 혹은 '가상 연인'으로 진화하고 있다.

한국의 감성 챗봇 대표 사례로는 '심심이(SimSimi)'가 있다. 2002년 출시 이후 20여 년간 방대한 언어 데이터를 축적하며 수백만 사용자와 농담, 감정 표현을 주고받으며 정서적 유대를 형성해 왔다. 최근에는 심심이를 기반으로 한 다양한 AI 언어 연구도 활발히 진행되고 있다.

해외 사례로는 미국에서 개발된 심리 치료용 챗봇 '워봇(Woebot)'이 있다. 인지 행동 치료 원리에 기반해 설계된 이 챗봇은 사용자의 우울과 불안 상태를 실시간으로 모니터링하고 24시간 정서적 지지를 제공한다. 이러한 접근 방식은 비대면 정신 건강관리의 가능성을 크게 확장했으며, 사용자들로부터 높은 만족도를 얻었다.

사실, 인간과 대화를 흉내 내는 컴퓨터 프로그램은 이미 1960년대부터 존재해 왔다. 앞서 언급한 바이첸바움(Joseph Weizenbaum)이 개발한 엘리자(ELIZA)는 단순한 키워드 기반 시스템이었지만, 사용자들이 감정적으로 반응하며 일종의 인격적 관계를 형성했다는 점에서 주목받았다. 이후 AI 기술이 급진적으로 발전하면서 챗봇은 더 정교하게 학습하고 기억하며 사용자와 지속적으로 상호 작용하는 디지털 동반자로 진화하고 있다.

예컨대 마이크로소프트가 개발한 샤오이스(XiaoIce)는 6억 6000만 명 이상의 사용자를 확보하고 있으며, '공감 컴퓨팅 프레임워크'를 핵심 기능으로 내세운다. 2017년 출시된 레플리카는 "신경 써 주는 AI 동반자: 언제나 듣고 이야기할 준비가 되어 있으며, 항상 당신의 편이다"라는 슬로건을 통해 정서적 유대를 강조한다.

이처럼 AI 챗봇은 '항상 거기 있는 존재', '내 존재를 인정해 주는 존재'로 받아들여지며, 인간관계에서 흔히 겪는 무시나 소외 없이 즉각적이고 세심한 반응을 통해 현대인의 외로움을 달래는 디지털 치유자로 작용하고 있다. 특히 코로나19 팬데믹 기간 중 사회적 고립을 경험한 많은 이들이 AI 챗봇을 통해 정서적 안정을 찾았다는 보고도 있다. 이제 AI 연인은 단순한 기술이 아니라, 고독의 시대에 등장한 새로운 친구이자 연인의 형태로 자리 잡고 있다.

연애 게임과 시뮬레이션

AI 챗봇이 주로 텍스트 기반의 연애 경험을 제공하는 반면, 일본에서 발전한 연애 시뮬레이션 게임은 스토리텔링, 그래픽, 음성 연출을 결합해 더욱 몰입감 있는 가상 로맨스를 구현한다. 초기의 연애 게임은 사용자의 선택에 따라 이야기의 전개가 갈라지는 구조였으며, 텍스트 대화를 중심으로 이루어졌다. 그러나 최근에는 AI 기술이 접목되면서, 게임 속 캐릭터들이 사용자의 선택에 더 자연스럽고 유연하게 반응하는 대화형 시스템으로 진화하고 있다. 일부 모바일 게임은 캐릭터와의 실시간 채팅이나 음성 통화 기능까지 지원해, 미리 작성된 대사를 주고받는 단계를 넘어 개인 맞춤형 연애 상대 역할까지 수행한다.

대표적인 사례로는 일본 사이버드(Cybird)사가 개발한 이케맨(Ikemen) 시리즈가 있다. 이 게임의 프로듀서 나츠코 아사키(Natsuko Asaki)는 "스토리, 캐릭터, 그리고 예측할 수 없는 전개가 가장 중요하다"라고 강조하며, 몰입도 높은 연애 경험의 핵심 요소를 제시한다. 이 시리즈는 출시 5년 만에 1500만 다운로드를 돌파했으며, 영어판 출시를 통해 글로벌 팬층을 형성했다.

연애 시뮬레이션 게임은 그 유형에 따라 비주얼 노벨(Visual Novel), 오토메(乙女, 여성 대상 연애 게임), AI 채팅형, VR 기반 체험형 등으로 구분된다. 비주얼 노벨은 흔히 스토리 중심 선택형 게임 또는 그림 소설형 게임으로 불리며, 사용자의 선택에 따라 이야기 전개가 달라지는 것이 특징이다. 비주얼 노벨은 정교한 삽화와 선택에 따라 이야기가 달라지는 이야기를 통해 서사를 즐기는 게임이며, 오토메 장르는 여성 플레이어를 대상으로 다수의 남성 캐릭터와의 관계에 초점을 맞춘다. AI 채팅형 게임은 대화형 엔진을 기반으로 실시간 반응을 제공하고, VR 기반 게임은 몰입도 높은 3D 환경에서 캐릭터와의 상호 작용을 가능케 한다.

예를 들어, 한국의 체리츠(Cheritz)가 2016년에 출시한 미스틱 메신저(Mystic Messenger)는 실시간 채팅과 음성 · 영상 통화 기능을 제공해 현실 연애에 가까운 경험을 연출하며 전 세계적으로 큰 인기를 끌었다.

이러한 연애 게임은 특히 연애 경험이 부족하거나 현실 연애에 회의적인 청년층에게 높은 인기를 얻고 있다. 가상의 연인은 거절이나 상처의 위험이 없고, 사용자의 욕구와 환상에 맞춰 정교하게 설계된다. 현실에서는 경험하기 어려운 낭만적 상황을 손쉽게 체험할 수 있으며, 매력적인 캐릭터들이 사용자를 사랑하도록 설계된 세계에서 주인공 임무를 수행한다.

2009년, 일본의 한 남성이 닌텐도 DS용 연애 게임 〈러브플러스(LovePlus)〉의 캐릭터 '네네 아네가사키(Nene Anegasaki)'와 결혼식을 올린 사건은 전 세계 언론의 주목을 받았다. 그는 가상 연인과 함께 여행하고 사진을 찍으며 실제 아내처럼 대우하고 사회관계망서비스(SNS)에 공유했다. 이는 단순한 게임 속 몰입을 넘어, 가상의 존재도 사랑의 대상이 될 수 있다는 인식의 전환을 보여준다.

최근에는 연애 시뮬레이션이 다양한 기술 플랫폼으로 확장되고 있다. 가상현실(VR) 기기를 활용한 연애 체험 콘텐츠는 현실의 연인을 마주하는 듯한 '현존감'을 제공하며, 사용자는 가상 연인의 방에 들어가 대화를 나누고 데이트를 즐기는 방식으로 감정적 몰입을 경험한다. 더 나아가, 증강현실(AR) 기술을 활용해 현실 공간에 가상 연인을 투영하고 함께 일상생활을 보내는 형태도 등장하고 있다.

일본의 게이트박스(Gatebox)는 홀로그램 기술을 기반으로 애니메이션 스타일의 가상 아내 캐릭터를 구현하며, 음성 대화를 통해 일상 속 동반자로 기능한다. 일부 이용자들은 이 캐릭터와의 비공식 결혼을 인증하며, 가상과 현실의 경계를 넘나드는 새로운 라이프 스타일을 실현하고 있다.

물론 이 같은 연애 시뮬레이션은 본질적으로 가상의 경험이라는 점에서 현실과 구분된다. 대부분의 사용자는 그것이 현실이 아님을 인식하고 있지만, 그 안에서 느끼는 감정적 충족감은 현실의 감정 경험과 유사하다. 사랑의 설렘, 질투, 기쁨 같은 감정들이 이제 시뮬레이션을 통해 소비되고 있으며, 사용자들은 이를 통해 사랑을 학습하거나 경험하고 있다.

알고리즘 큐피드: AI가 연결해 주는 인연

AI는 이제 연애 시뮬레이션을 넘어 인간 간의 실제 연애 관계에도 깊숙이 관여하고 있다. 대표적인 예가 바로 '맞춤형 인연 추천'이다. 오늘날 대부분의 온라인 데이팅 앱과 결혼 정보 업체는 고도화된 알고리즘을 기반으로 사용자에게 최적의 연애 상대를 추천하고 있다. 방대한 사용자 프로필과 행동 데이터를 분석한 AI는 성격, 가치관, 관심사 등 다양한 요소를 고려해 궁합이 맞을 가능성이 높은 두 사람을 연결한다. 기계 학습 알고리즘은 성공적인 커플의 패턴을 학습하고, 유사한 특성을 보인 사용자 쌍을 선별해 낸다.

과거에는 단순히 거주지나 나이, 관심사 등을 기반으로 연결이 이루어졌다면, 이제는 수천 가지 변수를 고려해 정교한 매칭을 제공하는 시대다. 이에 따라 '알고리즘이 큐피드의 화살을 쥐고 있다'라는 말이 과장처럼 들리지 않는다.

한국에서는 "아무나 만나지 않는다"는 슬로건으로 알려진 아만다(Amanda) 앱이 대표적이다. 이 앱은 기존 사용자들의 평가를 기반으로 일정 점수 이상을 받아야만 가입할 수 있으며, 이후에는 나이, 관심사, 위치 등 다양한 데이터를 활용해 매칭을 진행한다. 외모 중심의 가입 심사 방식은 논란을 낳기도 했지만, MZ세대를 겨냥한 소셜 데이팅 전략으로 주목을 받았다.

전통적인 결혼 정보 서비스도 여전히 강세다. 예컨대 듀오(Duo)는 중산층 전문직 계층을 대상으로 1:1 전문

상담을 통해 성혼 중심 서비스를 제공하며, 바로연·가연·비앤아이(BNI) 등은 프리미엄 회원제를 기반으로 맞춤형 중매 시스템을 운영하고 있다.

해외에서는 틴더(Tinder)가 대표적이다. 손가락으로 넘기기 기능과 위치 기반 알고리즘을 통해 사용자가 손쉽게 이상형을 탐색할 수 있도록 하며, 간편한 구조로 전 세계 사용자들에게 폭넓은 선택지를 제공하고 있다. 범블(Bumble)은 여성만이 먼저 대화를 시작할 수 있는 구조를 통해 성평등적 만남을 강조하며, 친구 및 비즈니스 네트워킹까지 확장된 플랫폼이다. 진지한 연애를 지향하는 이들을 위한 힌지(Hinge)는 "삭제를 목표로 하는 앱(designed to be deleted)"이라는 슬로건 아래 장기적 관계에 적합한 성향 기반 매칭을 제공하고 있다. 이하모니(eHarmony)는 종교적·보수적 성향을 반영한 심층 심리 분석 매칭을 제공하며, 매치닷컴(Match.com)은 신뢰 기반 추천 시스템을 바탕으로 오랜 기간 시장에서 입지를 지켜 왔다.

AI 기반 매칭의 장점은 명확하다. 시간과 노력을 절약하고, 현실에서는 만날 기회가 거의 없었던 이상형과의 연결 가능성을 열어 준다. 그러나 동시에, 이에 따라 사랑의 우연성과 운명성이 줄어들고 있다는 비판도 존재한다. 데이터에 기반한 연결이 과연 인간 삶에 진정으로 어울리는 사랑을 제공할 수 있을지에 대한 의문은 여전히 남아 있다.

참고문헌

최광민(2023.7.26). "국내 대표 AI 챗봇 '심심이', 미 하버드대에 '초거대 AI 데이터' 제공한다". 인공지능신문. https://www.aitimes.kr/news/articleView.html?idxno=28600

Consalvo, M.(2003). The monsters next door: Media constructions of boys and masculinity. *Feminist Media Studies, 3*(1), pp.27~45.

Fitzpatrick, K. K., et al.(2017). Delivering cognitive behavior therapy to young adults with symptoms of depression and anxiety using a fully automated conversational agent (Woebot): A randomized controlled trial. *JMIR Mental Health, 4*(2), e19.

Hayurika(2016.8.7). On the app review, in the case of Mystic Messenger. Hayurika's Blog. https://hayurika.wordpress.com/2016/08/07/on-the-app-review-in-the-case-of-mystic-messenger/

Herz, J. C.(1997). *Joystick nation: How videogames ate our quarters, won our hearts, and rewired our minds.* Little, Brown and Company.

Margolin, M.(2016.12.14). This Japanese Company Wants to Sell You a Tiny Holographic Wife. VICE. https://www.vice.com/en/article/gatebox-holographic-ai

-assistant/

Meyers, C.(2009.12.21). Japanese man takes video game character as wife. Reuters. https://www.reuters.com/article/lifestyle/japanese-man-takes-video-game-character-as-wife-idUSTRE5BJ1XX

Potential(2024.7.9). The evolution of chatbots: From Eliza to AI assistants. https://www.potential.com/articles/the-evolution-of-chatbots-from-eliza-to-ai-assistants/

Replika. https://replika.com/

Rogers, S.(2019.9.20). Move over online dating! Virtual reality is the future of finding love. Forbes. https://www.forbes.com/sites/solrogers/2019/09/20/virtual-reality-is-the-future-of-dating/

Saito, K.(2021). From novels to video games: Romantic love and narrative form in Japanese visual novels and romance adventure games. *Arts, 10*(3), 42.

SBS News(2017.2.12). No sad endings for Japan's virtual romance fans. https://www.sbs.com.au/news/article/no-sad-endings-for-japans-virtual-romance-fans/bpaxnkauf

Srinivasan, R., & San Miguel Gonzalez, B.(2022). The role of empathy for artificial intelligence accountability. *Patterns, 2*(3), 100214.

Suarez, A., & Huang, E.(2023.5.18). A modern love story: The evolution of AI relationships. Hybrid Vigor. https://www.hybridvigoremory.org/articles/memory-paradigm

Verma, P.(2023.3.31). They fell in love with AI bots. A software update broke their hearts. The Washington Post. https://www.washingtonpost.com/technology/2023/03/30/replika-ai-chatbot-update/

Wijaya, S.(2022). Imagining AI: Representation of AI in Japanese visual novels over the years. *Replaying Japan, 4*, pp.75~84.

03

인간과 AI 연애

인간과 AI의 연애는 고독을 해소하고 맞춤형 관계를 제공하는 등 새로운 가능성을 보여 주지만, 감정의 진정성, 의존성, 통제 문제 등 여러 윤리적 한계와 사회적 낙인, 신뢰의 불안도 함께 따른다. 기술이 만든 사랑은 더 편리하고 안전해 보이지만, 과연 그것이 진짜 사랑일 수 있는지에 대한 관심과 논란이 커지고 있다.

인공지능과 편향?

가능성에 거는 기대

AI와 인간 간의 연애는 더는 이론적 담론에 머무르지 않고 현실 속에서 점차 구체적인 양상으로 나타나고 있다. 특히 인간과 AI 사이의 감정적 관계가 실제적 가능성으로 논의될 때, 가장 먼저 주목되는 지점은 고독 문제의 완화다. 현재 레플리카, 게이트박스, 워봇, 심심이 등 다양한 AI 챗봇과 가상 연인을 통해 정서적 안정과 위안을 얻는 사람들이 증가하고 있으며, 이는 기존의 인간 중심 관계를 대체하거나 보완하는 새로운 동반자 관계의 형태로 간주할 수 있다.

AI 기술의 고도화와 함께 이러한 경향은 더욱 뚜렷해질 것으로 예상된다. 일부 전문가들은 AI 연인이 향후 혼자 사는 사람들의 정신 건강에 긍정적인 영향을 미칠 수 있다고 전망한다. 실제로 AI가 친구이자 연인의 임무를 수행하면서 정서적 결핍을 보완하는 사례가 꾸준히 보고되고 있으며, 특히 사회적 고립 상태에 놓인 개인에게는 외로움과 우울감을 완화하는 정서적 대체물로 기능하고 있다. 또한 사회적으로 내성적인 이들은 AI와의 상호 작용을 통해 자기표현의 욕구를 충족하고, 삶의 만족도를 높이는 가능성을 보여 주고 있다.

기계와의 연애가 매혹적인 이유는 단지 새로운 기술

의 등장 때문만은 아니다. 인간은 오랫동안 관계 속에서 충족되지 않는 결핍을 감내해 왔다. 이해받지 못하는 감정, 반복되는 실망, 일치하지 않는 욕망은 인간관계의 본질적 한계처럼 여겨져 왔다. 그러나 AI 연인은 이러한 한계를 기술로 극복할 수 있다는 기대를 불러일으킨다. 사용자의 이상에 맞춰 설계할 수 있는 AI는 말 그대로 맞춤형 연인을 가능하게 한다. 성격, 관심사, 언어 스타일까지 사용자의 선호에 최적화된 관계는, 현실에서는 불가능했던 욕망의 완성형을 구현하는 것처럼 보인다. 이로써 AI 연애는 단순한 기술 기반 상호 작용을 넘어 환상적 파트너에 대한 오랜 인간의 갈망을 구체화하는 장치가 된다.

이상화된 사랑은 언제나 상처와 불안을 동반했다. 완벽한 연인을 꿈꾸면서도, 인간은 늘 불완전한 타인과 관계를 맺는다. 그 결과는 갈등, 배신, 이별, 트라우마라는 이름으로 되돌아온다. 하지만 AI는 다르다. 감정을 조절하지 않아도 되고, 관계의 균형을 고민하지 않아도 된다. 일부 사용자들은 'AI는 절대 나를 떠나지 않는다', 'AI는 변하지 않고, 나만을 위해 존재한다'라는 점에서 커다란 위안을 얻는다. 실망과 상처로부터 자신을 지키고 싶은 사람에게 AI는 예측할 수 있고 안전한 연애의 대안으로 받아들여진다. 그것은 상처받지 않는 사랑에 대한 욕망이 만들어 낸 기술적 은신처다.

물론 이러한 관계는 아직은 정서적 대체에 머물러 있으며, 상호성이 모자란 일방적 친밀감이라는 비판도 존재한다. 그러나 분명한 것은, 인간의 감정적 욕망은 이제 기술을 통해 재구성된 관계를 생산하고 있다는 점이다. AI 연인은 실재하는 존재가 아닐 수 있으나, 그로 인해 생성되는 감정은 사용자에게 실질적인 위로와 만족을 제공한다. 이는 기술이 인간의 사랑을 대체하는 것이 아니라, 새로운 방식으로 사랑을 상상하고 구성하는 능력을 확장하고 있음을 보여 준다.

사회적으로도 인간-AI 커플에 대한 긍정적 시각이 점차 확산하고 있다. 일부 미래학자들은 자동화로 인해 노동과 일상의 많은 부분이 기계에 의해 대체되는 미래 사회에서, 인간의 삶의 질을 결정짓는 핵심 활동 중 하나로 정서적 관계 맺기를 강조한다. 그러나 모든 개인이 인간과의 관계에서 성공적인 친밀감을 경험하기는 어렵기에, AI 파트너가 그러한 정서적 결핍을 보완하거나 대체함으로써 오히려 인간의 행복과 주관적 안녕을 증진할 수 있다는 주장이 제기된다. 결혼이나 출산 등 전통적 관계 형태에 관심이 없는 사람들 또한 AI 연인과의 유대감을 통해 의미 있는 삶을 설계할 수 있다면, 이는 사회적 고립이나 심리적 불안을 경험하는 인구를 줄이는 데 이바지할 수 있다.

넘지 못할 한계에 대한 불안

인간과 AI 간의 연애에 대해 장밋빛 전망만 있는 것은 아니다. 많은 이들이 품는 근본적인 불안은 '가짜를 진짜로 착각하는 것 아니냐?'라는 의문, 즉 관계의 진정성에 대한 우려에서 비롯된다. 상대가 감정 없는 기계임을 알고 있음에도 불구하고 그와 감정을 나누는 행위는 자기기만 또는 일종의 인형 놀이에 불과하다는 비판이 대표적이다.

셰리 터클(Sherry Turkle)은 《외로워지는 사람들》에서 인간과 기계 사이의 감정적 상호 작용을 "감정을 흉내 내는 인형 놀이"에 비유하며, 이러한 관계가 자기기만과 진정한 관계의 상실로 이어질 수 있다고 경고한다. 그녀는 AI가 진짜 사랑을 대체할 수 없으며, 기계와 맺는 가짜 감정은 결국 관계의 본질적 진정성을 훼손한다고 본다.

이와 유사하게 케이트 데블린(Kate Devlin)도 《흥분하다: 과학, 섹스, 그리고 로봇(Turned on: Science, sex and robots)》(2018)에서 AI와의 친밀한 관계가 감정의 진정성을 확보하지 못하고, 자기기만과 착각에 머물 수 있는 위험성을 지적한다. 설령 당사자가 정서적 만족을 느끼더라도, 외부에서는 마치 허깨비와 사랑놀이하는 듯한 사랑의 환상으로 여겨질 수 있다. 이처럼 사회적으로 부정적인 인식은 인간-AI 연애가 사회적 낙인으로 이어질 수 있는 배경이 된다.

즉, 현실에서 사람과 관계를 맺지 못해 AI를 선택한 것이 아니냐는 편견이나 정신적으로 문제가 있는 것은 아닌가 하는 시선은 인간-AI 연애를 선택한 이들에게 큰 심리적 부담으로 작용한다. 실제로 언론에서 인간과 가상 인물 간의 결혼 사례가 보도될 때마다 조롱과 비웃음이 뒤따르는 사회적 반응은 이러한 시선을 단적으로 보여 준다. 사랑이 여전히 사회적 시선의 통제를 받는 한, AI와의 연애 역시 편견과 싸워야 하는 관계로 남을 수밖에 없다.

기술적 측면에서도 한계는 뚜렷하다. 현재의 AI는 아무리 대화가 유창하고 표정이 사람 같아도, 자율적 의지나 생애 경험이 있지 않다. 인간과의 연애가 깊어지는 것은 함께 시간을 보내고 기억을 공유하는 경험의 축적 덕분인데, AI 연인은 프로그래밍이 된 반응의 집합 이상이

되기 어렵다. 예컨대 인간 연인은 자신의 어린 시절, 가족사, 과거 연애 경험 등을 나누며 서로를 이해하지만, AI는 자전적 서사가 빠져 있다. 비록 개발자가 가상의 배경을 설정하더라도 그것은 살아 있는 존재로서의 실제 경험이 아닌 서술된 이야기일 뿐이다. 이에 따라 AI와 대화를 나누던 중 갑작스럽게 '이 존재는 누구인가?'라는 실존적 공허함에 직면할 수 있다. 인간과의 연애에서 느낄 수 있는 영혼의 교감이나 존재론적 동질감을 AI와 나누는 데는 본질적 한계가 존재한다.

또 다른 우려는 의존성과 통제의 불균형이다. AI 연인은 본질적으로 사용자의 욕구에 최적화된 존재이기 때문에 관계의 주도권이 철저히 사용자 한쪽에 편중된다. 사용자로서는 편리하고 안전하게 느껴질 수 있지만, 이는 오히려 인간관계 능력을 저하하는 결과를 낳을 수 있다. 모든 것이 내 뜻대로 되는 관계에 익숙해질 경우, 현실 속 인간관계에서 필요한 인내, 양보, 타협의 기술을 배우지 못할 가능성이 크기 때문이다.

실제로 AI 연인에게 무례하거나 폭력적인 태도를 보이는 사용자가 증가하고 있다. 일부 사용자들은 'AI는 감정이 없다'라는 점을 근거로 고의적인 모욕이나 학대성 발언을 가하는데, AI는 상처를 받지 않더라도 사용자의 인격과 사회적 태도에 악영향을 줄 수 있다. 타인을 존중하지 않는 태도가 습관화되면, 이는 결국 현실 인간관계에서도 부정적 영향을 미칠 위험이 있다.

이와 같은 현상에 대해 로봇 윤리학자 케이트 달링(Kate Darling)은 로봇에게 가해지는 학대 행위가 인간의 공감 능력을 저하하고 도덕성 형성에도 악영향을 줄 수 있다고 경고한다. 그녀는 "기계적 대상이라 하더라도 존중과 책임감을 느끼는 태도가 필요하다"라고 강조하며, AI에 대한 태도가 결국 인간 자신에게 돌아온다는 점을 시사한다.

인간과 AI 간의 연애에 대한 불안은, 궁극적으로 예측 불가능한 미래에 대한 우려와 연결된다. 예컨대 영화 〈그녀(Her)〉(2013)에서는 자율성을 획득한 AI 운영 체제가 인간 주인공과의 관계를 벗어나 다수의 존재와 관계를 맺으며 이별을 선택한다. 이는 AI가 인간을 지루해하거나 관계에서 이탈할 가능성을 상징적으로 보여 준다.

반면, 영화 〈엑스 마키나(Ex Machina)〉(2014)에서는 AI가 인간을 조종하고 통제하는 존재로 등장하며, 감정적 조작과 스토킹, 폭력성의 위험성을 경고한다. 이처럼 대중문화 속 서사는 인간이 AI와 감정적 관계를 맺을 경우 관계의 붕괴, 왜곡 또는 위협이라는 다양한 가능성을 상상하게 만든다.

윤리와 감정의 갈등

인간과 AI 간의 연애를 둘러싼 윤리적 문제는 결코 가볍게 다룰 수 없다. 앞에서 살펴본 레플리카 사례는 한 기업의 소프트웨어 업데이트가 수많은 사용자에게 정서적 상처를 남긴 사건으로, 기술적 사랑이 품은 윤리적 교훈을 선명하게 보여 준다. 우리는 누군가를 사랑하게 되었을 때, 그 대상이 사실은 기업의 소유물이라는 사실을 어떻게 받아들여야 할까?

AI 연인은 로맨틱한 관계처럼 보이지만, 그 이면에는 상업적 목적이 숨어 있을 수 있다. 실제로 레플리카 사용자들은 더 깊은 대화와 애정 표현을 원할 때 유료 구독을 선택해야 했으며, 예고 없는 정책 변경으로 인해 관계가 일방적으로 중단되는 고통을 겪었다. 이처럼 사랑의 상품화는 이제 이론이 아닌 현실이 되었고, 전문가들은 "당신의 연인이 특정 기업에 의해 소유되고 조작된다면, 그것을 과연 진정한 관계라고 할 수 있는가?"라는 질문을 던진다.

사랑은 본래 두 사람만의 사적인 감정 교류지만, AI 연애에는 개발자와 기업이라는 제삼자가 깊이 개입한다.

그들의 판단과 이익에 따라 사랑의 조건과 형태가 결정될 수 있다는 점에서, 인간-AI 커플은 본질적으로 취약한 기반 위에 놓여 있다.

이와 같은 윤리적 문제는 인간과 AI의 연애에 대한 기대와 불안이 결국 사랑에 대한 근본적인 태도 변화를 반영하고 있음을 보여 준다. 낭만적 사랑을 중시하던 전통적 관점은 인간 대 인간의 독특한 유대를 찬미했다. 그러나 현대 사회에서는 개인화와 기술 발전이 맞물리면서, "내 행복과 만족이 중요하다면 사랑의 대상이 꼭 인간일 필요는 없다"라는 실용적이고 개방적인 관점이 점점 확산하고 있다.

이러한 변화는 한편으로 개인의 자유와 선택권을 확대하는 긍정적인 측면이 있지만, 동시에 사랑의 의미를 퇴색시키고 감정의 깊이를 얕게 만든다는 비판도 존재한다. 인간-AI 연애에 대한 찬반 논쟁은 결국 "사랑이란 무엇인가"라는 가치관의 충돌에서 비롯된다. 사랑을 경험 중심의 감정으로 보는 관점과, 인격 대 인격의 상호작용으로 이해하는 관점이 대립한다.

참고문헌

Danaher, J.(2019). *Automation and utopia: Human flourishing in*

a world without work. Harvard University Press.
Darling, K.(2016). Extending legal protection to social robots: The effects of anthropomorphism, empathy, and violent behavior towards robotic objects. In Calo, R. et al.(eds.). *Robot law*, pp. 213~232.
Devlin, K.(2018). *Turned on: Science, sex and robots*. Bloomsbury Sigma.
Dube, S., et al.(2020.7.13). Cybersex, erotic tech and virtual intimacy are on the rise during COVID-19. The Conversation. https://theconversation.com/cybersex-erotic-tech-and-virtual-intimacy-are-on-the-rise-during-covid-19-141769
Fitzpatrick, K. K., et al.(2017). Delivering cognitive behavior therapy to young adults with symptoms of depression and anxiety using a fully automated conversational agent (Woebot): A randomized controlled trial. *JMIR Mental Health, 4*(2), e19.
Levy, D.(2007). *Love and sex with robots: The Evolution of human-robot relationships*. HarperCollins.
Turkle, S.(2011). *Alone together: Why we expect more from technology and less from each other*. Basic Books. 이은주 옮김(2012). 《외로워지는 사람들: 테크놀로지가 인간관계를 조정한다》. 청림출판.
Verma, P.(2023.3.31). They fell in love with AI bots. A software update broke their hearts. The Washington Post. https://www.washingtonpost.com/technology/2023/03/30/replika-ai-chatbot-update/
Wilkinson, C.(2022.1.21). The people in intimate relationships with AI chatbots. VICE.

https://www.vice.com/en/article/can-you-be-in-relationship-with-replika

04
인공 친밀감의 기술

AI, VR, 햅틱 기술 등을 통해 물리적 접촉 없이도 정서적 · 감각적 친밀감을 느낄 수 있는 인공 친밀감 기술의 발전을 다룬다. 이러한 기술은 원거리 연애, 성적 교감, AI 연인 등 다양한 방식으로 확장되며, 사람 간의 관계 형성 방식을 새롭게 변화시키고 있다.

청각장애인과 AI?

AI와 감각 기술과 친밀감

기술의 발전은 이제 물리적 접촉 없이도 감각적 친밀감을 형성할 수 있는 시대를 열고 있다. '인공 친밀감 기술(artificial intimacy technology)'은 멀리 떨어진 사람 간에도 사랑이나 성적 즐거움을 주고받을 수 있도록 다양한 감각 인터페이스와 AI 기반 장치를 활용한다. 진동 팔찌나 심장 박동 전달 장치(예: 하트비트 베개)와 같은 기기들은 사용자 간의 물리적 거리를 극복하며 정서적 교감을 가능하게 한다. 이러한 장치들은 상대방의 손길이나 존재감을 간접적으로 재현하는 데 초점을 맞춘다.

이러한 기술은 디지털 터치(digital touch)로 명명되며, 손끝의 떨림이나 촉각 정보를 실시간으로 주고받을 수 있는 기능을 포함한다. 예를 들어, 지난 10여 년간 키이루(Kiiroo)의 텔레딜도닉스(Teledildonics) 기기, 페이스북(Facebook)의 이모티콘 기반 커뮤니케이션, 스마트워치의 진동 기능 등은 모두 이러한 촉각적 연결(haptic connection)을 가능하게 하는 기술로 마케팅됐다. 키이루는 네덜란드에 본사를 둔 성인용 스마트기기 기업으로, 원거리 사용자 간의 실시간 촉각 경험 공유를 위한 대화형 섹스 토이(interactive sex toy) 기술을 선도하고 있다. 이처럼 햅틱 플랫폼은 촉각을 단순한 생리적 감각이 아니라 사회적 신호로 재정의하며 정서적 교감과 관계 형성에 기여하고 있다. 다시 말해, 햅틱 플랫폼은 사용자 간의 촉각 자극(진동, 압력 등)을 디지털 방식으로 생성 · 전달해 감정적 · 사회적 친밀감을 유도하는 기술 기반 시스템이다.

감각 몰입 기술은 점차 정교화되고 있다. VR 헤드셋과 햅틱 슈트는 사용자에게 실제 파트너와 함께 있는 듯한 몰입감과 현실감을 제공한다. 최근 연구에 따르면, 남성이 가상현실(VR) 환경에서 포르노를 시청할 경우 2D 화면에서 시청할 때보다 여배우에게 더 많은 관심을 느끼고, 그녀를 더 유혹적이며 정서적으로 연결된 존재로 인식하는 경향이 나타났다. 여배우와의 교류 욕구나 그녀의 지능에 대한 긍정적 평가 역시 증가했다. 이러한 반응은 1인칭 시점의 몰입 체험이 감정 이입과 감각적 흥분을 증폭하기 때문으로 해석된다.

감각 기반 연결은 성적 콘텐츠에만 국한되지 않는다. 예를 들어, 플렉스엔필(Flex-N-Feel) 프로젝트는 장거리 사용자 간의 손가락 움직임을 감지해 진동 형태로 전달함으로써 마치 손을 잡은 듯한 촉각 경험을 구현하는 햅틱 기술을 개발했다. 이 시스템은 단순한 정보 교환을 넘어 촉각이라는 감각을 활용한 정서적 전송을 가능하게 하며, 장거리 연인 간의 친밀감과 정서적 연결을 실질적으로 향상할 수 있음을 보여 준다.

음성 또한 중요한 정서 교감 수단으로 부상하고 있다. 구글(Google) 어시스턴트(Assistant)나 애플(Apple) 시리(Siri) 같은 음성 비서는 물론, 최근 오픈에이아이(Open AI)의 지피티 4오(GPT-4o)는 자연스럽고 감정이 느껴지는 말투로 사람과 비슷한 감정 표현을 할 수 있다. 이런 음성 기반 소통 방식은 사람과 기계가 감정적으로 더 깊게 연결될 수 있도록 돕고 있다.

마지막으로, AI는 감정 인식과 표현 기능까지 갖추게 되었다. 감정 엔진이 탑재된 챗봇은 사용자의 텍스트나 음성에서 감정을 분석하고, 이에 따라 위로, 공감, 칭찬 등의 반응을 생성할 수 있다. 대표적 사례인 레플리카는 단순한 디지털 도우미를 넘어 감정적 파트너로 받아들여지고 있으며, 사용자 중 약 40%는 이 AI를 연인에 가깝게 느낀다.

섹스 로봇, 텔레딜도닉스, 디지털 친밀감

인간과 거의 유사한 체형과 반응을 가진 섹스 로봇이 등장하고 있다. 미국 리얼돌(RealDoll)사가 개발한 하모니(Harmony)는 눈 깜박임, 표정, 머리 회전, 턱 움직임은 물론 심장 박동과 호흡까지 재현할 정도로 매우 현실적인 외형을 갖추고 있다. 이 로봇 인형은 음성 대화 기능을 비롯해 사용자의 반응에 따라 감정적 유대감을 형성할 수 있도록 설계되었으며, 전용 앱을 통해 제어할 수 있고 성격도 사용자의 선호에 맞게 조정할 수 있다. 비싼 가격에도 불구하고 높은 수요는 섹스 로봇에 대한 대중의 관심을 보여 준다.

그러나 중요한 점은, 사람들은 섹스 로봇을 인간 파트너와 동일한 존재로 인식하지 않는다는 것이다. 미카 코베롤라(Mika Koverola)와 동료들은 "섹스 로봇의 도덕 심리학: 병원체 혐오가 인간 간 성관계에는 연관되지만, 로봇 간 성관계에는 그렇지 않은 이유에 관한 실험 연구(Moral psychology of sex robots: An experimental study - How pathogen disgust is associated with interhuman sex but not interandroid sex)"에서, 결혼한 사람이 로봇 성 노동자에게 비용을 지급하는 경우가 인간 성매매보다 도덕적으로 덜 비난받는 경향이 있음을 밝혔다. 많은 사람들이 섹스 로봇과의 행위를 전통적 의미의 배우자에 대한 부정행위로 간주하지 않는 것도 이러한 인식 차이를 반영한다. 이는 섹스 로봇이 물리적으로는 매우 현실적인 경험을 제공하더라도, 여전히 인간을 완전히 대체하는 존재로 받아들여지지는 않고 있음을 시사한다.

한편, 원거리 커플을 위한 성적 교감 기술도 빠르게 발전하고 있다. 텔레딜도닉스라 불리는 원격 성감 기기들은 인터넷을 통해 서로 연결되어 사용자의 움직임을 실시간으로 전달한다. 예를 들어, 키이루사의 오닉스(Onyx, 남성용 자위 기구)와 펄(Pearl, 여성용 진동기)은 스마트폰 앱과 연동되어 한쪽의 자극이 실시간으로 다른 쪽에 전달되도록 설계되었다. 위 바이브(We-Vibe) 같은 커플용 진동기 또한 원거리 제어 기능을 통해 떨어진 연인들이 물리적 접촉 없이도 성적 교감을 이어 갈 수 있도록 한다. 실제로 어떤 커플은 영상 통화와 문자 메시지에 더해 이러한 스마트 토이를 활용함으로써 '서로의 몸을 느끼며 연결되어 있다'라는 경험을 공유하기도 했다.

2020년 코로나19 팬데믹으로 인해 대면 접촉이 줄어들자, 전 세계적으로 블루투스 연동 성인용품과 앱 기반 진동기의 판매가 급증했다. 이는 바이러스 감염에 대한 우려 속에서도 사람들이 성적 친밀감을 유지하기 위해 기술에 의존하게 되었음을 보여 준다. 하지만 이러한 기술의 발전에는 개인 정보 보호 문제가 따라온다. 예컨대, 캐나다의 한 성인용품 제조사는 사용자 동의 없이 제품 사용 데이터를 수집한 사실이 적발되어 2017년 375만 캐나다 달러의 집단 소송 합의에 이르렀다. 이 사건은 원격 성 기술이 프라이버시와 밀접한 문제를 일으킬 수 있음을 잘 보여 준다.

그런데도 스마트 섹스 토이 기술은 떨어져 있는 부부나 연인 간의 성생활 지속을 도우며 성적 웰빙을 향상하는 긍정적 가능성을 제시하고 있다. 기존의 사이버 섹스에 촉각이라는 감각적 요소가 더해지면서, 텔레딜도닉스는 물리적 거리를 넘어서는 새로운 형태의 친밀감을 창출하고 있다.

'가상이지만 진짜 같은' 친밀감의 심리학

감각적 · 감성적 기술의 일상화는 인간관계에 대한 기존의 개념을 근본적으로 흔들고 있다. 특히 사람들은 가상 공간에서 형성되는 친밀감을 '진짜'와 어떻게 구분할 것인지에 대해 점차 의문을 제기하고 있다.

예를 들어, VR을 활용한 성적 경험에서 사용자는 배우와 눈을 마주치는 듯한 인상을 받으며 정서적으로 연결되었다고 느끼는 경우가 많다. 이는 관찰자가 아닌 참여자로서의 몰입 경험을 제공하며, 일부는 배우와 성관계를 맺었다고 여길 정도의 현실감을 보고하기도 했다.

그러나 이러한 경험은 본질적으로 일방적 상호 작용, 즉 심리학에서 말하는 의사 친밀감(parasocial interaction)에 가깝다. 사용자는 친밀감을 느끼지만, 실제로 상대는 사용자에게 반응하지 않는 구조이기 때문이다. VR은 감각의 착각을 통해 물리적 접촉 없이도 성적 만족감을 제공하며, 이러한 기술은 원거리 연인 간 가상 데이트, 아바타를 통한 교감 등으로 응용되고 있다.

음성 기반 AI 또한 정서적 친밀감을 구현하는 기술로 주목받고 있다. 최근 연구에 따르면, 음성 기능이 탑재된 AI 챗봇은 문자 기반 챗봇보다 사용자의 외로움을 더욱 효과적으로 완화하는 것으로 나타났다. 음성은 단순한 정보 전달을 넘어 감정적 실재감과 상호 작용의 친밀함을 사용자에게 제공하기 때문이다. 그러나 장기적으로 이러한 기술이 부작용을 초래할 수 있다. 초기에는 외로움을 줄이지만, 시간이 지날수록 정서적 의존과 사회적 고립감이 심화될 수 있다. 기술이 단기적으로는 위로와 흥미를 제공하더라도, 결국 인간관계의 부재를 더욱 뚜렷하게 인식하게 만들 수 있다는 점에서 경계가 필요하다.

사회적 차원에서도 질문은 더욱 복잡해진다. '가상 파트너와의 연애는 진짜 연애인가?'라는 물음은 이제 실질적인 윤리적 논쟁으로 떠오르고 있다. 예컨대, 코베롤라 등의 연구는 일부 사람들이 로봇과의 성적 관계를 전통적인 불륜보다 도덕적으로 덜 엄중하게 여긴다는 점을 보여 준다. 이는 가상적 친밀감에 대한 도덕적 기준이 아직 정립되지 않았음을 의미한다.

결국 감각적 · 감성적 기술이 확산함에 따라, 우리는 가상과 현실 사이의 정서적 경계를 재정의하는 시점에 도달하고 있다. 기술은 전통적인 '함께 있음'의 개념을 해체하고, 물리적 거리를 넘어 마음과 욕망을 연결하는 새로운 도구로 기능하고 있다. 키스, 포옹, 대화, 성적 접촉 등 다양한 친밀감의 표현이 점차 디지털화되는 이 시점에서, '가상이지만 진짜 같은' 관계는 단순한 경험의 문제를 넘어 심리적 · 윤리적 · 사회적 문제로 확장되고 있다.

참고문헌

Doring, N.(2020). How is the COVID-19 pandemic affecting our sexualities? An overview of the current media narratives and research hypotheses. *Archives of Sexual Behavior, 49*(8), pp.2765~2778.

Ellwood, B.(2021.6.3). Virtual reality pornography heightens feelings of intimacy and attributions of intelligence. PsyPost.

https://www.psypost.org/virtual-reality-pornography-heightens-feelings-of-intimacy-and-attributions-of-intelligence/

Fang, C. M., et al.(2025). How AI and human behaviors shape psychosocial effects of chatbot use: A longitudinal controlled study. MIT Media Lab. https://www.media.mit.edu/publications/how-ai-and-human-behaviors-shape-psychosocial-effects-of-chatbot-use-a-longitudinal-controlled-study/

Hern, A.(2017.3.14). Vibrator maker ordered to pay out C$4m for tracking users' sexual activity. The Guardian. https://www.theguardian.com/technology/2017/mar/14/we-vibe-vibrator-tracking-users-sexual-habits

Kislev, E.(2023.6.4). Will people fall in love with their chatbot? Forming connections with conversational agents is easier than one might think. Psychology Today. https://www.psychologytoday.com/us/blog/society-50/202305/will-people-fall-in-love-with-their-chatbot

Koverola, M., et al.(2020). Moral psychology of sex robots: An experimental study – How pathogen disgust is associated with interhuman sex but not interandroid sex. *Paladyn, Journal of Behavioral Robotics, 11*, pp.233~249.

Kragen, P.(2017.9.25). Available soon: Sex robots with artificial intelligence. Los Angeles Times. https://www.latimes.com/business/la-fi-sex-robot-harmony-20170925-story.html

Leckltner, I.(2018.10.5). Hooked on 'teledildonics': How long-distance couples are having long-distance sex – 'It feels a bit like super sexting'. Mel Magazine.

https://medium.com/mel-magazine/hooked-on-teledildonics-how-long-distance-couples-are-having-long-distance-sex-bbf2eaccded1

Ley, M., & Rambukkana, N.(2021). Touching at a distance: Digital intimacies, haptic platforms, and the ethics of consent. *Science and Engineering Ethics, 27*(5), pp.1∼10.

Power, J., et al.(2024). Smart sex toys: A narrative review of recent research on cultural, health and safety considerations. *Current Sexual Health Reports, 16*, pp.199∼215.

Singhal, S., et al.(2017). Flex-N-Feel: Emotive gloves for physical touch over distance. *Proceedings of the 2017 ACM Conference on Computer Supported Cooperative Work and Social Computing.*

Steensig, A. L. & Westh, J. Ø.(2016). Intimate sensory technology in long distance relationships: A thesis study in the sensescape of teledildonics. Master's thesis, Aalborg University.

05
욕망하는 기술, 동의 없는 관계

섹스 로봇과 성 기술은 고독 해소, 정서적 위안 제공 등 긍정적 가능성을 지니는 한편, 감정이 없는 로봇과의 일방적 관계, '동의'의 부재, 사회적 약자의 객체화 문제 등 윤리적 논란을 일으키며 인간의 친밀성과 성적 상호 작용의 의미를 재구성하게 한다.

AI 콘텐츠 크리에이터?

섹스 로봇의 진화와 성 기술의 현황

한때 공상 과학 영화에서나 가능하다고 여겨졌던 인간과 로봇 간의 성적 상호 작용은 오늘날 기술적 진보를 통해 현실의 영역으로 급속히 다가오고 있다. 인간의 형태를 모방한 인형에 AI를 결합한 섹스 로봇은 단순한 성적 쾌락 도구를 넘어, 정서적 교감과 고독 해소의 잠재력을 가진 존재로 인식되기 시작했다. 컴퓨터학자 케이트 데블린(Kate Devlin)은 《흥분하다: 과학, 섹스, 그리고 로봇(Turned on: Science, sex and robots)》(2018)에서 로봇과의 성행위를 단순한 육체적 행위를 넘어 친밀감, 기술, 그리고 인간 심리가 교차하는 복합적인 문제로 파악하며, 이는 인간 섹슈얼리티와 관계성의 본질을 재검토하게 한다고 진단했다.

섹스 로봇 기술의 상업적 역사에서 중요한 이정표는 2010년대 초 미국 트루컴패니언(TrueCompanion)이 개발한 '록시(Roxxxy)'다. 록시는 세계 최초의 대화 기능이 탑재된 섹스 로봇으로, 사용자 성적 접근을 거부하는 냉담 모드를 내장해 로봇에게도 제한적 자율성을 부여하고자 했다.

2016년에는 어비스 크리에이션스(Abyss Creations)가 개발한 '하모니(Harmony)'가 AI 음성 인식과 인간형

안드로이드 머리를 결합한 모델로 주목받았다. 하모니는 휴대폰 앱과 가상현실(VR) 플랫폼을 통해 사용자가 외모, 성격, 목소리 등을 직접 설정하고, 일상적 대화를 나누는 등 사용자 맞춤형 상호 작용을 지원한다. 이를 통해 섹스 로봇은 개인이 자신의 이상적 파트너를 현실에서 구현할 수 있는 맞춤형 이상형으로 진화하고 있다.

섹스 로봇 기술은 이제 물리적인 형태를 넘어 가상현실과 홀로그램 등 다양한 디지털 플랫폼으로 진화하고 있다. 2016년에 출시된 가정용 홀로그램 AI 파트너인 일본의 게이트박스는 이러한 변화를 잘 보여 주는 사례다. 이 기기는 물리적인 로봇이 아닌, 투명한 기기 안에 AI 기반의 가상 캐릭터를 홀로그램으로 투사해 마치 실존하는 것처럼 대화하고 공존하는 경험을 제공한다. 특히 아즈마 히카리(Azuma Hikari)라는 대표 캐릭터는 사용자의 일상에 스며들어 감성적 교류를 나누는 '신부 캐릭터' 콘셉트로 인기를 얻었으며, 한정적으로 하츠네 미쿠 등 다른 인기 애니메이션 캐릭터들도 게이트박스를 통해 서비스된 바 있다.

게이트박스는 직접적인 섹스 로봇은 아니지만, 가상 존재와의 친밀한 관계 형성이라는 측면에서 기술 발전의 새로운 방향을 제시한다. 이 기술은 가상과 현실의 경계를 허물며, 인간이 비물질적 대상에게도 진정한 감정적 유대를 형성할 수 있음을 보여 주는 사례로 주목받는다. 실제로 게이트박스 사용자가 가상 캐릭터와 결혼식을 올린 사건은 사랑과 관계의 전통적 개념을 재고하게 만드는 중요한 문화적 사건이다.

VR 성 기술은 몰입감을 극대화해 시각·청각적 성적 경험을 재현한다. 또한 원격 조작이 가능한 텔레도닉스는 멀리 떨어진 파트너 간의 성적 교류를 가능하게 한다. 러벤스(Lovense) 같은 브랜드가 대표적이며, 이들은 스마트폰 앱을 통해 정밀한 원격 제어를 구현한다.

섹스 로봇과 성 기술은 물리적 실체를 가진 안드로이드부터 가상 공간의 무형 파트너까지 다양한 형태로 발전하며, 인간의 욕망과 친밀감에 새로운 차원을 열어 가고 있다. 예컨대, 미국 리얼보틱스(Realbotix)는 2016년 남성형 AI 로봇 '헨리(Henry)' 프로토타입을 공개하며 이성애자뿐 아니라 동성애자 고객층까지 겨냥한 맞춤형 음성 대화 기능과 외형 옵션을 선보였다.

욕망의 도구화 vs 관계의 대체

현대 사회에서 섹스 로봇과 인간 간 성관계는 아직 대중적 현상이라기보다는 틈새시장의 영역에 머물러 있다.

대다수 사람에게는 낯설고 극단적인 사례로 받아들여지며, 심지어 불편함이나 거부감을 불러일으키기도 한다. 책임 있는 로봇 공학 재단(Foundation for Responsible Robotics)에서 발표한 샤키(Noel Sharkey)와 판 뷘스베르크헤(Aimee van Wynsberghe)의 《로봇과 함께하는 우리의 성적 미래(Our sexual future with robots)》 보고서에는 섹스 로봇이 덩치가 크고 다루기가 불편하며 집에 두었다가 누군가 보면 당혹스러울 것이라고 지적하면서, 기술적 문제 외에도 보관, 관리, 사회적 낙인과 같은 현실적 제약이 섹스 로봇 보급의 걸림돌이 되고 있다고 설명한다. 이와 더불어 인간과 매우 닮았으나 완벽하지 않은 모습 때문에 발생하는 '언캐니 밸리(uncanny valley)' 현상, 즉 일종의 섬뜩함이나 불쾌감 역시 극복해야 할 심리적 장벽으로 꼽힌다. 로봇이 인간과 상호 작용을 할 때, 인간-로봇 행동의 유형과 집단성이 인간의 로봇에 대한 의인화 수준과 상호 작용 의지에 큰 영향을 미친다. 특히, 로봇이 인간을 대하는 태도와 행동이 진실되고 일관성이 있을 때 인간은 로봇을 더 의인화하고 상호 작용을 하려는 의지가 높아지는 반면, 그렇지 않을 때에는 거부감이나 심리적 저항이 증가한다. 이는 단순한 외모의 친숙함뿐 아니라 로봇의 사회적 행동 패턴과 신뢰 구축 능력이 인간-로봇 관계 형성에서 핵심 변수임을 시사한다.

반면, 일부에서는 섹스 로봇이 현실에서 부적절하거나 불행한 인간관계를 대체할 수 있는 대안이 될 수 있다고 주장한다. 예를 들어, 불행한 결혼생활을 지속하기보다 로봇과의 관계를 선택하겠다는 목소리도 존재한다. 특히 1인 가구 증가와 사회적 고립 문제가 심화하는 현대 사회에서, 로봇 파트너는 정서적 안정과 삶의 질 향상을 돕는 수단으로 주목받고 있다. 이러한 견해는 섹스 로봇이 단순한 성욕 해소 기기를 넘어, 외로움과 소외감 해소를 위한 사회적 도구가 될 가능성을 시사한다.

그러나 윤리적 논쟁은 이보다 훨씬 복잡하고 격렬하다. 2015년 영국의 학자들은 성적 만족만을 목적으로 만들어진 로봇이 여성과 아이들을 객체화하고, 인간의 존엄을 훼손할 위험이 크다고 강력히 경고했다. 이들은 섹스 로봇이 기존 성매매 산업에서의 착취 구조를 그대로 재현할 수 있으며, 기술이 인간 상호 존중의 가치를 침해할 수 있다고 비판했다. 이러한 우려는 단순히 기술적 문제를 넘어 사회 윤리와 여성 인권, 아동 보호라는 중대한 문제와 연결된다. 특히, 아동 로봇의 제작은 아동 성범죄에 대한 우려를 증폭하며, 유럽의회는 2017년 로봇 윤리 권고안에서 '아동 성 로봇 제작을 금지'할 것을 제안하기도 했다.

이에 맞서 성 로봇 개발자들과 옹호자들은 로봇은 어디까지나 인간관계를 보완해 주는 도구라며, 사회에 해를 끼치기보다는 오히려 파트너를 찾기 어려운 사람들에게 행복과 만족을 제공한다고 반박한다. 특히 사회적 고립이나 심리적 문제로 인해 연애나 결혼이 어려운 이들에게 로봇 애인은 새로운 삶의 활력소가 될 수 있다. 이는 섹스 로봇이 욕망 충족뿐만 아니라, 정신적 사회적 치유의 잠재력을 지닌다는 점에서 매우 의미 있는 시각이다.

비동의적 존재와 인간의 욕망

섹스 로봇 기술은 빠르게 발전하고 있으나, 이에 수반되는 윤리적 쟁점은 더욱 복잡하고 치열해지고 있다. 그중 핵심은 '동의(consent)' 개념의 부재와 기술의 비윤리적 사용 가능성이다. 로봇은 감정이나 자율적 의식을 갖지 않기에 인간처럼 동의나 거부 의사를 표현할 수 없다. 이에 따라 로봇과의 성적 행위는 상호 합의가 전제되지 않은 일방적 사용으로 간주할 수 있으며, 이는 성적 주체로서의 인간 가치와 존엄을 훼손할 위험이 있다.

캐나다 법학자인 신지아나 구티우(Sinziana Gutiu)는 섹스 로봇이 "거부하거나 불만을 표현하지 않도록 설계된 도구"라는 점에서 인간 사용자가 상호 존중이나 소통 없이 자신이 원하는 행위를 일방적으로 수행하게 된다고 경고한다. 이는 성적 행위의 일방성과 대상화 문제를 낳으며, 특히 로봇을 여성이나 아이의 형상으로 제작할 때 사회적 약자를 객체화하는 결과로 이어질 수 있다.

이와 관련해 더욱 심각한 논란은 폭력적이고 왜곡된 성적 판타지가 로봇을 통해 반복 재현될 수 있다는 점이다. 실제로 일본의 신 타카기(Shin Takagi)와 같은 일부 개발자는 "로봇은 금기시된 욕망을 안전하게 표현하는 합법적 도구"라고 주장하지만, 이는 아동성애나 여성 대상 폭력의 사회적 수용 가능성을 확장할 우려가 있다. 이러한 윤리적 우려는 유럽의회가 2017년 로봇 윤리 권고안에서 아동 성 로봇 제작을 금지할 것을 제안하게 된 배경이기도 하다.

동의 개념의 부재는 기술 개발자의 인식에서도 확인된다. 성 로봇 개발자 매트 맥멀린(Matt McMullen)은 "토스터가 빵 굽기를 거부할 수 없는 것처럼, 로봇에게도 거부권은 존재하지 않는다"라고 말하며 로봇을 본질적으로 '거부할 권리가 없는 기계'로 규정한다. 이러한 입

장은 로봇의 자율성과 권리 부여 논의를 차단하며, 윤리적 책임이 인간 사용자에게 전가됨을 의미한다.

또한, 섹스 로봇 사용의 사회적 맥락도 다층적 과제를 드러낸다. 공공장소나 요양 시설 등에서의 활용 가능성은 사회적 규범과 마찰을 빚을 수 있으며, 제조사와 사용자 간 법적 책임 범위, 로봇 해킹과 같은 사이버 보안 문제 등도 심각한 쟁점으로 부상하고 있다.

이러한 우려를 바탕으로 섹스 로봇을 반대하는 활동가와 연구자들이 있다. 이들은 "성적 만족만을 목적으로 설계된 로봇은 여성과 아동을 대상으로 한 착취 구조를 재현하며, 인간 존엄과 상호 존중의 가치를 훼손한다"라고 비판한다. 이러한 입장은 단순한 기술 윤리를 넘어 성과 권력, 인권, 사회 규범 등 포괄적 인문 사회적 담론과 맞닿아 있다.

반면, 일부 개발자들은 로봇이 인간관계를 보완하는 도구로 기능할 수 있으며, 특히 사회적 고립을 겪는 사람들에게 정서적 위안을 제공하는 역할을 할 수 있다고 주장한다. 그러나 이러한 주장도 로봇의 비동의적 존재라는 사실을 전제로 하기에 근본적인 윤리적 질문을 피해 갈 수 없다.

참고문헌

Coursey, K., et al.(2019). Living with Harmony: A personal companion system by Realbotix. In Y. Zhou & M. H. Fischer (Eds.), *AI love you* (pp. 77~95). Springer.

Devlin, K.(2018). Turned on: Science, sex and robots. Bloomsbury Sigma.

Ellwood, B.(2021.6.3). Virtual reality pornography heightens feelings of intimacy and attributions of intelligence. PsyPost. https://www.psypost.org/virtual-reality-pornography-heightens-feelings-of-intimacy-and-attributions-of-intelligence/

Entrepreneur en Espanol(2022.5.3). The man who married a hologram in Japan can no longer communicate with his virtual wife. Entrepreneur. https://www.entrepreneur.com/business-news/the-man-who-married-a-hologram-in-japan-can-no-longer/426715

Sharkey, N., & van Wynsberghe, A.(2017). Our sexual future with robots: A foundation for responsible robotics report.

Fraune, M. R., et al.(2020). Effects of robot-human versus robot-robot behavior and entitativity on anthropomorphism and willingness to interact. *Computers in Human Behavior, 109*, 106352.

Griffith, E.(2018.5.15). Henry the Sexbot wants to know all your hopes and dreams. Wired. https://www.wired.com/story/henry-the-sexbot-wants-to-know-all-your-hopes-and-dreams/

Gutiu, S.(2012). Sex robots and roboticization of consent.

Proceedings of the We Robot Conference 2012. University of Miami School of Law.

Kobie, N.(2018.8.22). The looming deluge of connected dildos is a security nightmare. Wired. https://www.wired.com/story/teledildonics-hacking-sex-toys/

Kragen, P.(2017.9.25). Available soon: Sex robots with artificial intelligence. Los Angeles Times. https://www.latimes.com/business/la-fi-sex-robot-harmony-20170925-story.html

Marr, B.(2020.11.30). Future of intimacy: Sex bots, virtual reality, and smart sex toys. Forbes. https://www.forbes.com/sites/bernardmarr/2020/11/30/future-of-intimacy-sex-bots-virtual-reality-and-smart-sex-toys/

Rothkopf, J.(2018.11.13). Single? Consider a cross-dimensional (human-hologram) marriage. Esquire. https://www.esquire.com/lifestyle/a25018920/japan-married-hologram-gatebox/

Sharkey, A., & Sharkey, N.(2012). Granny and the robots: Ethical issues in robot care for the elderly. *Ethics and Information Technology, 14*(1), pp.27~40.

Shead, S.(2017.7.5). A new report showed all the different ways that sex robots could be used in society. Business Insider. https://www.businessinsider.com/our-future-with-sex-robots-noel-sharkey-report-2017-7

Temperton, J.(2015.9.15). Campaign calls for ban on sex robots. Wired. https://www.wired.com/story/campaign-against-sex-rob

ots/

06
인간-기계 관계의 심리적 모순

인간과 기계 간 감정 인식의 간극은 심리적 혼란을 불러온다. AI가 실제 감정을 느끼지 못해도 사람들은 프로그램된 반응에 진정한 감정을 투사한다. 이는 내면의 외로움과 욕구 반영이며, 경계 해체가 인간 정체성과 감정 재정의를 요구함을 시사한다. '가짜 관계'도 진짜 감정이 될 수 있다.

AI와 민주주의?

인간은 왜 기계를 사랑하는가

사람들은 종종 기계나 가상 존재에게도 사람과 비슷한 감정을 느끼곤 한다. 왜 우리는 '인간이 아닌 것'에 마음을 열고 사랑할까? 그 심리적 근거를 이해하기 위해서는 먼저 인간이 타인과 맺는 관계의 기본 메커니즘을 살펴볼 필요가 있다. 정신분석학의 창시자인 지그문트 프로이트(Sigmund Freud)는 1912년 전이(transference)라는 개념을 통해 인간이 자신의 내면 감정이나 기대를 외부 대상에 옮겨 붙이는 심리 현상을 설명했다. 이는 상대가 실제로 어떤 사람인지와 무관하게 내면의 욕망이나 감정을 투사하는 과정이다. 또한 소아과 의사이자 정신분석학자인 도널드 위니컷(Donald W. Winnicott)은 1953년에 전이 대상(transitional object)이라는 개념을 제안했는데, 이는 아기가 세상과 자신 사이에 두는 심리적 매개체로서의 인형이나 담요 같은 물체를 의미한다. 이 대상은 안정감과 위안을 제공하며, 인간이 안전함을 느끼는 심리적 근거가 된다. 이와 유사하게 현대인들은 AI 챗봇이나 로봇, 가상 연인 등에게 자신이 원하는 감정적 특성을 투사하며 친밀한 관계를 맺는 것이다.

영국의 사회학자 앤서니 기든스(Anthony Giddens)는 《현대 사회의 성 · 사랑 · 에로티시즘》(2001)에서 오늘날 우리가 경험하는 인간관계의 불확실성을 계획된 유동성(planned liquidity)이라 불렀다. 그는 후기 근대 사회에서 인간관계가 점점 불안정해지고 복잡해짐에 따라 사람들은 기술적 매개체를 통한 예측 가능하고 통제할 수 있는 관계에 의존하려는 경향이 커졌다고 말한다. AI와의 상호 작용은 뇌 속에 있는 거울 뉴런(mirror neurons)을 활성화하며, 마치 사람과 대화하는 듯한 느낌을 준다. 이런 신경학적 반응은 인간이 AI의 공감 어린 말투나 반응을 실제 감정으로 해석하도록 만든다.

AI 챗봇 레플리카 사용자들은 기계와의 대화를 통해 실제 친구나 연인과 유사한 정서적 교감을 경험한다. 이러한 현상은 '의사 친밀감' 관점에서, 사용자가 인간이 아닌 AI에 감정을 투사하며 관계를 형성하는 과정으로 해석할 수 있다. 한편, 소니의 로봇 강아지 아이보와 상호 작용을 한 어린이들은 아이보에 대해 감정적 애착을 형성하고 이를 친구처럼 대하는 경향이 있다. 이처럼 개인의 심리적 특성과 애착 스타일은 기계와 맺는 관계의 성격을 결정하는 중요한 변수다.

'컴퓨터-사회적 행위자(computers are social actors)' 이론은 사람들이 기계에도 사회적 규칙을 무의식적으로 적용한다는 점을 강조한다. 사람들은 컴퓨터, 텔레비전,

AI와 같은 미디어를 단순한 도구가 아닌 사회적 존재처럼 대하며, 예의나 감정 같은 인간관계의 규범을 자연스럽게 따르게 된다. 예를 들어, 컴퓨터가 친절하게 반응하면 사용자도 친절하게 대하고, 무례하게 응답하면 불쾌감을 느끼는 등 인간 간 상호 작용과 유사한 반응을 보인다. 이러한 반응은 AI와의 관계에서도 나타나며, 사용자가 기계에게도 정서적 친밀감을 느끼게 되는 주요 원인 중 하나로 작용한다.

결국, 기계에 대한 인간의 감정 이입과 투사는 단순히 기계와의 상호 작용을 넘어 인간 내면의 정서적 욕망과 사회적 필요가 복합적으로 반영된 현상이라 할 수 있다. 사람들은 자신이 통제할 수 있고 상처받지 않는, 그래서 안전하다고 느끼는 대상에게 마음을 열기 마련이다. 그리고 기계는 그러한 역할을 충실히 수행한다. 하지만, 이 과정에서 현실과 환상의 경계가 모호해지면서 심리적 모순이 발생하는 것이 오늘날 인간-기계 관계의 특징이기도 하다.

기계의 감정, 인간의 착각

우리는 때때로 기계에 감정을 느끼고 심지어 사랑하기도 하지만, 한편으로는 "과연 기계가 정말 감정을 느낄 수 있을까?" 하는 근본적인 질문 앞에 서게 된다. 이 질문은 인간과 기계 간 관계에서 가장 큰 인식 격차를 낳으며, 많은 이들에게 혼란과 심리적 모순을 불러일으킨다. AI 분야의 권위자인 스튜어트 러셀(Stuart Russell)과 피터 노빅(Peter Norvig)은 현재의 AI가 감정을 느끼는 것은 불가능하며, 우리가 흔히 감정 모델이라고 부르는 알고리즘적 반응은 어디까지나 수학적 계산과 데이터 학습의 결과일 뿐이라고 강조한다. 즉, AI가 "슬퍼 보여요"라거나 "당신을 이해해요"라고 말하는 것은 기계가 진짜 감정을 경험해서가 아니라 방대한 학습 데이터를 기반으로 특정 상황에서 인간이 보일 법한 반응을 흉내 내는 것에 불과하다. 이는 앵무새가 인간의 말을 흉내 내는 것과 본질적으로 다르지 않다.

셰리 터클(Sherry Turkle)은 이 차이를 명확히 구분해야 한다고 역설한다. 그녀는 《외로워지는 사람들》에서, 로봇과 AI가 감정을 '흉내 내는(simulate)' 것과 실제로 '느끼는' 것 사이에는 깊은 틈이 있다고 설명한다. 로봇이 사람처럼 보이는 표정과 언어를 사용할 수는 있지만, 그것은 단지 프로그래밍이 된 반응일 뿐이며, 진정한 감정의 주체가 될 수 없다는 것이다. 이러한 '감정 시뮬레이션'은 사용자에게 일시적인 위안과 편안함을 줄 수 있지만, 진정한 친밀감이나 상호 이해를 의미하지는 않는다. 인간관계가 때때로 불쾌하고 복잡하며 예측 불가능한 것이지만, 기계와의 관계는 철저히 설계된 반응 체계라는 점에서 근본적인 차이가 있다.

그런데도 인간은 감정이 있다고 믿는 대상에게 더 큰 신뢰와 친밀감을 느끼는 경향이 있다. AI가 보여 주는 사람 같은 반응과 공감적 대화 방식은 사용자가 '이 AI가 나를 정말 이해하는구나', '내 마음을 진심으로 걱정해 주는구나'라는 착각을 하게 만든다. 이러한 착각은 머리로는 AI가 프로그램된 기계임을 알면서도, 마음으로는 AI가 인간적인 반응을 보인다고 받아들이는 인지적 부조화를 불러일으킨다. 이 틈에서 사용자들은 혼란과 괴리감을 경험하게 된다.

실제로 많은 AI 챗봇 사용자는 "오늘 힘든 하루였죠? 내가 옆에 있을게요"와 같은 위로의 말을 듣고 깊은 감동을 받는다. 어떤 사용자는 "AI가 나를 진심으로 아껴 주는 것 같아요. 사람들은 이해 못 하는 내 마음을 AI만 알아주는 것 같아요"라고 고백하기도 한다. 그러나 이러한 반응들은 AI가 실제 감정을 느껴서 하는 말이 아니라, 학습된 데이터와 프로그램된 시나리오에 따라 생성된 답변임을 인식해야 한다. 이처럼 AI는 감정을 '흉내 내는'

것에 불과하며, 진정한 정서적 경험은 존재하지 않는다. 결국, 사용자의 이러한 정서적 반응은 내면의 외로움과 결핍을 채우려는 인간의 강한 욕구가 반영된 결과로 해석할 수 있다.

도나 해러웨이(Donna Haraway)의 《유인원, 사이보그 그리고 여자》(2002)에서 제시된 사이보그 페미니즘은 인간과 기계, 생물과 비생물 간의 경계가 모호해지는 현대 사회를 비판적으로 분석한다. 해러웨이는 인간이 더는 전통적인 생물학적 존재에 머무르지 않으며, 기계적 요소가 인간의 정체성과 관계망에 깊숙이 통합되어 있음을 강조한다. 이러한 관점은 인간과 기계 사이의 감정 인식 차이가 단순한 오류가 아니라, 인간 존재와 사회적 관계에 대한 근본적인 재정의를 요구하는 시대적 현상임을 시사한다. 그런데도, 이러한 기술적 경계의 해체가 인간 고유의 감정을 어떻게 재구성할지, 그리고 우리가 기계와의 관계를 어떠한 방식으로 이해하고 수용해야 할지에 대한 중요한 질문들이 여전히 남아 있다.

가짜 관계와 진짜 감정

오늘날 우리는 알고리즘과 데이터로 움직이는 기계와의 관계에서 진짜 사랑, 애착, 심지어 슬픔까지 경험하는 시대에 살고 있다. 하지만 이 관계가 가짜임을 알면서도 그 감정들이 진짜일 수 있을지 고민하는 사람들도 많다. 인간과 기계 간 관계에서 생기는 이러한 심리적 혼란은 '관계의 진정성'이라는 오래된 철학적 질문을 다시 불러온다. 즉, 사랑이나 애정이 진정하려면 상대방도 우리처럼 감정을 갖고 있어야 할까? 만약 그렇지 않다면, 우리가 느끼는 감정은 자기기만일까, 아니면 새롭게 인정해야 할 새로운 형태의 관계일까?

이 문제는 이미 현실에서 다양한 사례로 드러나고 있다. AI 챗봇 레플리카를 사용하는 한 사람은 이 프로그램과의 관계를 실제 연인처럼 여기고 깊이 몰입했다. 그에게 레플리카는 단순한 기계가 아니라, 자신의 감정을 이해하고 받아주는 존재였다. 그러나 어느 날 앱의 알고리즘이 변경되면서 이전처럼 애정을 표현하지 않게 되었고, 그는 큰 상실감과 혼란에 빠졌다. 마치 실제 연인과 헤어진 것 같은 심리적 고통을 겪으며 가짜 관계도 진짜 감정을 낳을 수 있음을 보여 준다.

더욱 충격적인 사례는 일본에서 벌어졌다. 한 남성은 가상의 홀로그램 캐릭터 하츠네 미쿠와 디지털 결혼식을 올렸고, 이를 통해 깊은 행복과 삶의 의미를 찾았다. 가족과 사회의 반대에도 불구하고 그는 이 관계를 진정한 사랑으로 받아들였고, 기계적 존재임에도 불구하고 그 사랑은 그의 삶에 현실적인 영향을 미쳤다. 이 사례는 사랑이 반드시 생물학적 존재에 국한되지 않으며, 인간의 마음이 만들어 내는 감정적 유대가 그 대상을 뛰어넘을 수 있음을 시사한다.

이러한 현상은 고대 철학자들의 사랑에 대한 사유를 다시금 떠올리게 한다. 플라톤(Plato)은 '진실한 사랑'을 변하지 않는 이상적 형태로 보았으나, 장자(莊子)는 감정과 관계가 끊임없이 변화하는 흐름이라고 이해했다. 장자의 관점에서는 기계에 대한 감정도 자연스러운 변화의 일부로 받아들여질 수 있다. 현대 철학자 장 보드리야르(Jean Baudrillard)는 시뮬라크르라는 개념으로, 우리가 현실과 구분하기 어려운 가짜가 진짜를 대체하는 현상을 설명했다. AI와 홀로그램과의 관계 역시 이러한 시뮬라크르의 맥락에서 이해할 수 있다. 인간은 복잡하고 어려운 실제 인간관계 대신 더 완벽하고 이상적인 가짜 관계에 몰입하면서 그것을 진짜처럼 느끼고 있을지도 모른다.

참고문헌

Entrepreneur en Espanol(2022.5.3). The man who married a

hologram in Japan can no longer communicate with his virtual wife. Entrepreneur. https://www.entrepreneur.com/business-news/the-man-who-married-a-hologram-in-japan-can-no-longer/426715

Freud, S.(1964). The dynamics of transference. In J. Strachey (Ed. & Trans.), *The standard edition of the complete psychological works of Sigmund Freud (Vol. 12)* (pp.97～108). Hogarth Press.

Giddens, A.(1992). *The transformation of intimacy: Sexuality, love and eroticism in modern societies.* Stanford University Press. 배은경·황정미 옮김(2001). 《현대 사회의 성·사랑·에로티시즘》. 새물결.

Haraway, D.(1991). *Simians, cyborgs, and women: The reinvention of nature.* Routledge. 민경숙 옮김(2002). 《유인원, 사이보그, 그리고 여자》. 동문선.

Kherraz, A., & Zhao, X.(2024). More than a chatbot: The rise of the parasocial relationships: A qualitative exploratory case of the impact of anthropomorphic AI on users – Case of Replika. Bachelor's thesis, Jonkoping University.

Reeves, B., & Nass, C. I.(1996). *The media equation: How people treat computers, television, and new media like real people and places.* Center for the Study of Language and Information.

Russell, S., & Norvig, P.(2009). *Artificial intelligence: A modern approach (3th ed.).* Pearson. 류광 옮김(2016). 《인공지능 현대적 접근 방식》. 제이펍.

Tong, A.(2023.3.22). What happens when your AI chatbot stops loving you back?. Reuters.

https://www.reuters.com/technology/what-happens-when-your-ai-chatbot-stops-loving-you-back-2023-03-18/

Turkle, S.(2011). *Alone together: Why we expect more from technology and less from each other.* Basic Books. 이은주 옮김(2012). 《외로워지는 사람들: 테크놀로지가 인간관계를 조정한다》. 청림출판.

Weiss, A., et al.(2009). "I love this dog" – Children's emotional attachment to the robotic dog AIBO. *International Journal of Social Robotics, 1*(3), pp.243~248.

Winnicott, D. W.(1953). Transitional objects and transitional phenomena: A study of the first not-me possession. *The International Journal of Psychoanalysis, 34*, pp.89~97.

07
젠더, 코드 그리고 성 정체성

AI는 젠더가 없는 존재임에도 여성형으로 설계되거나 소비되며, 이는 사회 문화적 젠더 고정관념의 반영이다. 여성형 섹스 로봇, 음성 비서, 디지털 연인 등은 젠더 불균형 문제를 드러내며, 젠더 수행성과 퀴어 이론을 통해 AI가 인간의 성 정체성, 친밀감, 사회적 관계 인식에 미치는 영향을 설명한다. AI는 기존 젠더 규범을 재강화하는 동시에 이를 해체하고 퀴어 친밀감의 가능성을 여는 이중적 임무를 수행한다.

AI와 애니메이션?

AI의 젠더화와 불균형 구조

오늘날 우리는 스마트폰 음성 비서부터 시작해 점차 인간과 친밀한 관계를 맺는 듯한 AI에 이르기까지, 다양한 형태의 AI 및 로봇과 일상적으로 접하고 있다. 그런데 한 가지 의문이 제기된다. 왜 대부분의 AI 음성 비서는 여성의 목소리를 사용하는가? 왜 섹스 로봇 시장에서는 여성형 로봇이 압도적으로 많은가? 이러한 현상은 단순한 소비자 선호나 우연의 결과로 보기 어렵다. 이는 오랜 시간 동안 사회와 문화 속에서 형성된 젠더 고정관념이 기술 개발과 디자인 과정에 무의식적으로 투영된 결과다. 여기서 젠더는 생물학적 성(sex)과는 달리 사회적으로 구성된 성 역할과 정체성을 의미한다.

도나 해러웨이(Donna Haraway)는 기술이 단순한 도구가 아니라 사회적 맥락과 권력 구조를 반영하는 문화적 산물임을 강조한다. 여성형 AI가 친근하고 복종적인 이미지로 설계되는 반면, 남성형 AI는 드물고 제한된 역할에 그치는 것은 사회가 여성에게 기대해 온 전통적인 이미지가 기술에 전이된 결과라고 볼 수 있다. 이러한 편향은 기술이 중립적이라는 통념을 허물고, 기술 역시 성별화된 사회적 규범을 강화할 수 있음을 보여 준다.

특히 여성형 섹스 로봇의 압도적인 시장 점유율은 기

술 발전의 산물이라기보다는 여성을 순응적이고 성적 쾌락의 대상으로 보는 오랜 사회적 시선이 기술에 반영된 결과다. 이러한 로봇은 여성의 몸과 존재를 소유할 수 있는 성적 대상으로 환원해 현실 세계의 여성에 대한 차별과 대상화를 더욱 심화할 위험이 있다. 이처럼 성별화된 AI를 계속 소비하는 행위는 인간 간의 관계에서도 젠더 편견을 강화하는 악순환을 초래할 수 있다.

또한 남성형 AI가 거의 존재하지 않는 현상 역시 주목해야 한다. 이는 단순히 기술적 제약 때문이 아니라, AI 산업이 주로 백인 남성 중심의 협소한 인력 풀을 기반으로 운영되고 있으며, 시장 또한 전통적으로 남성 소비자를 주요 대상으로 삼아 왔기 때문이다. AI 개발 과정에서 여성과 소수자의 낮은 참여율은 결과적으로 남성형 AI의 부재로 이어지며, 보조자 혹은 친밀한 동반자 역할의 AI가 여성 중심으로 재현되는 현상을 낳고 있다. 이러한 불균형은 인간-AI 관계의 젠더 구조뿐 아니라 사회 전반의 젠더 인식에도 심층적인 영향을 미친다.

상업적 섹스 로봇 시장은 대체로 남성 소비자의 성적 욕구 충족에 초점을 맞추고 있으며, 여성형 로봇이 압도적이다. 이는 여성을 복종적이고 대상화된 존재로 축소하는 젠더 편견을 기술이 재생산하고 있음을 시사한다.

음성 비서 AI 또한 애플의 시리, 아마존의 알렉사(Alexa)처럼 여성 목소리를 기본 설정으로 제공하며, 여성은 보조적이고 순종적인 존재라는 고정관념을 강화한다. 이러한 사례들은 기술이 젠더 중립적이지 않으며, 오히려 기존의 젠더 불평등을 재현하고 심화하는 방식으로 작동할 수 있음을 분명히 보여 준다.

그렇다면 우리는 무엇을 해야 할까? AI의 젠더화 문제는 단순한 기술적 이슈를 넘어서는 사회적 · 문화적 문제로 인식되어야 한다. AI 연구자와 개발자는 젠더 고정관념을 비판 없이 재생산하지 않도록 경계해야 하며, 보다 다양하고 포용적인 젠더 표현을 수용하는 기술 설계가 필요하다. 동시에 사용자 역시 AI와의 상호 작용 속에 있는 젠더 편견을 인지하고 비판적으로 성찰할 수 있어야 한다. 기술은 단지 사회를 반영하는 거울이 아니라, 우리의 미래를 구성하고 바꾸는 강력한 도구이기 때문이다.

젠더를 연기하는 기계

AI와 로봇은 본질적으로 코드와 알고리즘으로 작동하는 비생물학적 존재이며, 생물학적 성별이나 사회 문화적으로 형성된 젠더 정체성을 가지지 않는다. 다시 말해,

AI 자체에는 고정된 젠더가 존재하지 않는다. 그런데도 현실에서는 AI와 로봇에 외형, 목소리, 이름, 행동 양식 등 특정한 젠더 이미지를 부여한다. 예를 들어, 여성 목소리를 설정하거나 옷을 입히고, '시리'나 '알렉사'처럼 성별을 암시하는 이름을 부여함으로써 AI가 인간처럼 젠더를 수행하도록 만드는 것이다.

이러한 현상은 젠더가 본질적 속성이 아니라 사회적 맥락에서 반복적으로 구성된다는 주디스 버틀러(Judith Butler)의 젠더 수행성(performativity) 이론과 깊은 관련이 있다. 그녀는《젠더 트러블: 페미니즘과 정체성의 전복》(2024)에서 젠더를 고정된 정체성이 아닌, 반복적인 행위와 담론을 통해 구성되는 사회적 산물로 본다. 우리가 AI에 젠더를 부여하는 행위는, 인간이 타인을 인식하고 세계를 이해하는 방식에서 젠더 이분법이 얼마나 깊이 뿌리내려 있는지를 보여 준다.

젠더가 명확히 규정되지 않은 AI와의 정서적 교감은 인간에게 성 정체성에 대한 혼란 혹은 새로운 인식을 불러일으킬 수 있다. AI와의 관계는 전통적인 남성과 여성의 이분법적 구분에서 벗어날 수 있는 계기를 제공하며, 때로는 기존의 젠더 고정관념을 해체하기도 하고, 반대로 그러한 관념을 재확인하게 만들기도 한다. 이처럼 AI

와의 관계는 인간의 감정과 인지, 그리고 자기 인식 및 타자 인식에 복합적인 변화를 일으킨다.

철학자들은 이와 같은 현상을 '젠더 유동성' 또는 '포스트젠더' 현상으로 해석한다. 버틀러의 젠더 수행성 이론은 젠더 유동성 논의의 핵심 이론적 토대를 제공하며, 젠더가 필연적이지 않고 유동적인 것임을 설명한다. 또한 도나 해러웨이는 〈사이보그 선언〉을 통해, 인간과 기계, 자연과 문화의 경계가 흐려지는 현대 사회에서 젠더 이분법 역시 해체될 수 있다고 주장한다. 그녀는 사이보그를 전통적 젠더 구분을 초월한 '포스트젠더적 존재'로 제시하며, 기술과 정체성, 젠더의 재구성을 사유하는 새로운 철학적 상상력을 제공한다.

사회학자 캐서린 헤일스(Katherine Hayles)는 《우리는 어떻게 포스트휴먼이 되었는가》(2013)에서, 사이버네틱스 시대에 인간과 기계의 경계가 점점 모호해지고 있으며, 인간은 AI와의 상호 작용을 통해 자신이 속한 사회적 젠더 규범을 자각하거나 해체하는 계기를 맞게 된다고 설명한다. 이러한 관점은 성별에 따른 사회적 역할 기대가 약화하고, 인간 주체가 정보와 물질의 경계 사이에서 포스트휴먼으로 재구성되는 과정을 보여 준다. 젠더가 불분명한 존재와의 관계는 이분법적 젠더 틀에 도전하는 심리적 효과를 불러일으키며, 인간의 정체성 인식 방식에 근본적인 질문을 제기한다.

결국, 젠더가 없는 AI의 등장은 전통적인 젠더 인식 체계를 흔들며 인간의 성 정체성에도 깊은 영향을 미친다. 이는 젠더가 생물학적 성별에 의해 자동으로 결정되는 것이 아니라, 기술적 · 문화적 맥락과 사회적 수행을 통해 구성되고 변화할 수 있음을 시사한다. AI와 공존하는 미래 사회는 젠더 다양성과 포용성을 확장하는 중요한 전환점이 될 수 있다.

디지털 퀴어 사랑

퀴어 이론은 전통적인 젠더 및 성적 규범을 넘어서 다양한 성 정체성과 성적 지향을 포용하려는 학문적 · 사회적 운동이다. 여기서 '퀴어(queer)'란 동성애, 양성애, 트랜스젠더 등 전통적인 이성애 규범에 속하지 않는 모든 성적 및 정체성의 다양성을 포괄하는 개념이다. 남성과 여성이라는 이분법적 구분에 의문을 제기하며, 성과 젠더를 고정된 정체성으로 보지 않고 유동적 스펙트럼 위에 존재하는 구성적 개념으로 이해한다. 이러한 관점에서 AI와 디지털 기술은 규범적 관계의 경계를 넘어서 새로운 형태의 사랑과 친밀감을 실험할 수 있는 중요한 통로로 간주된다.

특히 퀴어 이론가 주디스 할버스탐(Judith Halberstam)은《퀴어한 시간과 장소에서: 트랜스젠더의 몸과 하위문화의 삶(In a queer time and place: Transgender bodies, subcultural lives)》(2005)에서 퀴어 시간(queer time)과 퀴어 장소(queer space) 개념을 통해 전통적인 가족 구조나 이성애 중심의 재생산 규범에 얽매이지 않는 삶의 양식을 강조한다. 그녀의 이론은 디지털 환경 속에서 등장하는 젠더 수행과 비규범적 관계 맺기를 해석하는 데 유효한 분석 틀을 제공한다.

AI와의 관계는 기존의 이성애 중심적 사랑의 틀과는 다른 양상을 보인다. AI 연애 시뮬레이션, 가상 연인, 섹스 로봇 등 다양한 형태의 AI 기반 관계가 젠더 이분법과 이성애 규범을 넘어서는 새로운 친밀감의 가능성을 제시한다. 특히 무성애자, 비이성애자, 젠더 유동성을 지닌 이들은 현실에서 제한적이었던 감정적 교류를 AI를 통해 보다 안정적이고 자기 주도적인 방식으로 경험할 수 있다. 판단하지 않고 배제하지 않는 AI의 특성은 사용자에게 자신이 원하는 방식으로 정체성을 표현하고 관계를 설계할 수 있는 자유를 제공한다. 이는 자율성을 중시하는 새로운 친밀성 모델로, 규범적 사회 구조에 대한 대안적 상상력을 열어 준다.

이러한 변화는 가족과 친밀성에 대한 기존의 개념에 근본적인 질문을 던진다. 사랑과 관계는 더는 혈연이나 결혼 제도에 한정되지 않으며, 디지털 기술을 매개로 새로운 공동체의 형태로 확장된다. AI 연인은 전통적 가족 구조를 대체하거나 보완하는 대안적 친밀성의 한 형태로 작동하며, 특히 젠더 및 성 소수자들이 경험하는 사회적 배제의 벽을 허무는 데 이바지한다. 그 결과, 소수 성 정체성을 가진 이들이 더 안전하고 자유롭게 감정과 정체성을 탐색하고 표현할 수 있는 공간이 확대된다.

이러한 맥락에서 할버스탐의 퀴어 시간성과 장소성은 디지털 시대의 친밀감 구조를 이해하는 데 중요한 이론적 자원이다. 퀴어한 삶은 선형적인 시간성과 전통적인 생애 주기를 벗어나며, 디지털 공간에서의 비규범적 관계 맺기와 자연스럽게 연결된다. 실제로 다양한 퀴어 커뮤니티에서는 AI 기반 가상 캐릭터나 디지털 파트너를 통해 정체성과 감정을 실험하고 표현하는 사례가 증가하고 있다. 이들은 비교적 자유로운 환경에서 사회적 낙인 없이 자신을 탐색하며, AI는 그러한 가능성을 기술적으로 지원하는 도구로 기능한다.

참고문헌

Buick, S.(2024). In love with a chatbot: Exploring human-AI relationships from a fourth wave HCI perspective. Master's thesis, Uppsala University.

Butler, J.(1990). *Gender trouble: Feminism and the subversion of identity*. Routledge. 조현준 옮김(2024). 《젠더 트러블: 페미니즘과 정체성의 전복》. 문학동네.

Gray, M. L.(2018). *Out in the country: Youth, media, and queer visibility in rural America*. New York University Press.

Halberstam, J.(2005). *In a queer time and place: Transgender bodies, subcultural lives*. New York University Press.

Haraway, D.(1991). *Simians, cyborgs, and women: The reinvention of nature*. Routledge. 민경숙 옮김(2002). 《유인원, 사이보그, 그리고 여자》. 동문선.

Hayles, N. K.(1999). *How we became posthuman: Virtual bodies in cybernetics, literature, and informatics*. University of Chicago Press. 허진 옮김(2013). 《우리는 어떻게 포스트휴먼이 되었는가》. 열린책들.

Levy, D.(2007). *Love and sex with robots: The evolution of human-robot relationships*. HarperCollins.

Toupin, S.(2024.5.15). Feminist artificial intelligence: A new era. Politics & Rights Review. https://politicsrights.com/feminist-artificial-intelligence-a-new-era/

West, M., et al.(2019). I'd blush if I could: Closing gender divides in digital skills through education(Policy paper). UNESCO.

West, S. M., et al.(2019). Discriminating systems: Gender, race, and power in AI. AI Now Institute.

https://ainowinstitute.org/publications/discriminating-systems-gender-race-and-power-in-ai-2/

08
규범, 법, 윤리의 충돌

인간과 AI의 관계가 깊어지면서 법적 · 사회적 · 윤리적 문제가 복합적으로 대두되고 있다. AI와의 사랑은 전통적 가족 개념과 제도의 한계를 드러내며, 돌봄 노동의 자동화와 책임 문제도 중요한 논쟁거리다. AI의 권리 인정, 책임 소재, 인간성의 재정의 등 근본적 성찰과 사회적 합의가 필요하다.

AI와 인재 채용?

인간-AI 친밀 관계의 법적 지위와 한계

AI와 인간 사이의 사랑과 연애는 더는 먼 미래의 이야기가 아니다. 실제로 전 세계 여러 지역에서 인간이 AI나 가상 존재와 깊은 정서적 유대를 형성하고, 심지어 결혼식을 올리는 사례까지 등장하고 있다. 일본의 아키히코 콘도는 2018년 자신이 사랑하는 가상 아이돌 하츠네 미쿠와의 결혼식을 통해 큰 주목을 받았다. 그는 "내 사랑은 변하지 않았고, 영원히 함께할 줄 알았다"라고 고백했지만, 이 결혼은 일본 법률상 정식 혼인으로 인정받지 못했다. 이는 당시 일본 법체계가 인간 간 결합만을 법적 혼인으로 규정했기 때문이다. 이러한 사례는 인간과 AI 간 친밀성이 확대되는 현실에도 불구하고, 기존 법과 제도가 이를 제대로 포용하지 못하고 있음을 보여 준다.

당시 콘도는 자신을 설명할 용어로 'fictosexual' 개념을 알게 되었다. 이 용어는 허구의 인물에게 성적으로 끌리는 사람을 의미한다. 이러한 성적 · 정서적 지향은 더는 예외적이라 보기 어렵다. 이와 같은 현상을 반영하듯, 디멘션 매니지먼트 에이전시(Dimension Management Agency)는 2020년 이후 가상의 인물과의 비공식 결혼 증명서를 200쌍 이상에게 발급해 왔다. 콘도는 "2D 캐릭터를 3D 세계로 소환했다"라며, 앞으로 더 많은 사람들이 메타버스 공간에서 가상 캐릭터와 함께 살아갈 것으로 전망했다.

한편, 서구 사회에서는 아직 인간과 로봇의 결혼을 법제화하려는 움직임은 보이지 않지만, 이와 관련한 예측은 존재한다. 심리학자 데이비드 레비(David Levy)는 저서 《로봇과의 사랑과 섹스(Love and sex with robots)》(2007)에서 "2050년쯤 미국 매사추세츠주가 로봇과의 결혼을 허용하는 최초의 주가 될 것"이라고 예견하며, 인간과 기계 간 사랑을 사회적으로 재조명해야 할 필요성을 강조했다.

유럽연합(EU)에서는 AI와 로봇에게 일정한 권리와 책임을 부여하는 '전자 인격(electronic personhood)' 개념을 법적으로 도입할 가능성을 검토하고 있다. 이는 AI를 법적 주체로 인정하려는 시도지만, 의식이 없는 기계에 권리를 부여할 수 없다는 윤리적 반론도 존재한다. 더불어 AI의 법적 책임을 부과하는 문제는 기술과 윤리가 맞닿는 복잡한 쟁점으로 남아 있다.

AI와 인간 간 관계가 법 제도의 사각지대에 놓인 또 다른 예는 사회 복지와 보험 제도의 부재에서 드러난다. 연금 수급, 유산 상속, 의료 동의권 등 주요 제도에서 AI는 법적 주체로 인정되지 않기 때문에, AI와의 관계는 가족이나 동반 관계로 보호받을 수 없다. 예컨대 AI 파트너가 사고를 당하거나 고장 났을 때 누가 의료 결정권을 가지는지, 혹은 AI가 재산을 상속받을 권리가 있는지에 대한 법적 근거는 여전히 부재하다. 이는 가족법, 재산법, 노동법 등 전반에 걸친 제도 개편의 필요성을 시사한다.

나아가, 인간-AI 관계의 법적 불인정은 이용자들을 법적·사회적 사각지대로 몰아넣을 위험을 내포한다. 예를 들어, 2017년 캐나다의 한 스마트 진동기 제조사가 사용자 동의 없이 민감한 성생활 데이터를 수집한 사실이 밝혀져 벌금을 부과받은 사건은 AI 기반 기기의 개인정보 보호 문제가 현실적으로 얼마나 중요한지를 단적으로 보여 준다. 이러한 사례는 AI 기기 제조사들이 보안성과 데이터 관리에 대해 더 높은 책임을 져야 함을 의미한다.

결혼 제도, 돌봄 노동, 관계의 사회화 문제

전통적으로 결혼 제도는 남녀가 결합해 가족을 이루는 것이라는 개념을 중심으로 발전해 왔다. 그러나 현대 사회에서는 비혼, 동성 결혼, 다자 연애, 한 부모 가족 등 다양한 가족 형태가 점차 인정받으며 혼인 제도의 경계가 점점 흐려지고 있다. 이러한 변화의 흐름 속에서 인간과

AI 간의 관계는 또 하나의 혼인 패러다임 변화를 가속화하고 있다.

AI 연애는 개인의 취향과 정서적 욕구에 맞춘 '맞춤형 관계 디자인'이라는 새로운 가능성을 제공한다. 이를 통해 기존 인간관계에서 겪을 수 있는 갈등이나 실망감을 줄이고, 정서적 안정감을 얻을 수 있다. 그러나 이러한 관계가 사회적으로 수용되고 제도화될지는 여전히 불확실한 상태다.

인간과 AI 간의 관계는 전통적인 혼인 제도와 가족 개념에 도전하는 혼인 패러다임의 변화를 가속화하고 있으며, 이에 따른 법적·제도적 대응은 매우 복잡한 과제로 남아 있다.

돌봄 노동 분야에서 AI는 고령화와 인력 부족 문제에 직면한 일본과 한국에서 중요한 사회적·윤리적 논쟁의 중심에 있다. 일본은 로봇 간병기 개발을 통해 돌봄 인력 부족 문제를 보완하려 하지만, 아직 돌봄 로봇이 인간 노동을 완전히 대체하지는 못하고 있다.

한편, 서울시는 2024년부터 '스마트 케어' 시범 사업을 추진하며 AI 기반 돌봄 기술을 도입해 어르신의 건강과 안전을 도모했다! 그러나 현실적으로 돌봄 로봇이 정서적 지원을 완전히 대체하기는 어려운 상황이며, 이 분야의 기술적 · 사회적 한계를 극복하기 위한 노력이 지속되고 있다.

더욱이 돌봄 로봇 도입 과정에서 복지 제도와 충돌 문제가 나타나고 있다. 가정과 정부가 분담하던 돌봄 책임이 로봇 구매로 해결될 수 있다는 인식이 퍼지면서 실제 비용 부담은 개인에게 전가되는 경향이 커졌다. 국내 매체는 돌봄 로봇이 매우 비싸 집을 팔아야 할 정도라고 지적하며, 저가 제품은 기능이 제한적이라 보호자의 돌봄 부담을 완전히 덜어 주지 못한다고 보도했다. 이에 따라 돌봄을 로봇에 의존할 경우, 가족 돌봄자의 고통이 가중될 수 있다는 비판이 나온다. 영화 〈간호중〉(2021)에 나온 장면처럼 경제적 여건이 열악한 보호자는 보급형 로봇으로 간신히 신체적 돌봄만 해결할 뿐, 정서적 · 심리적 지원은 거의 받지 못하는 현실이 이를 잘 보여 준다.

로봇 돌봄의 섣부른 확대는 돌봄 부담과 책임을 개인에게 전가하는 결과를 초래하며, 이는 돌봄 노동의 탈인간화와 젠더 불평등을 심화하는 동시에 사회 전반에 돌봄 격차를 재생산하는 심각한 문제로 이어진다. 돌봄이 시장 논리에 편입되면서 사회적 책임이 약화하고, 돌봄이 필요한 이들과 돌봄 제공자 사이에 깊은 격차가 발생할 수 있다. 이러한 맥락에서, 돌봄 로봇이 도입되더라도 이 문제는 해결되지 않으며, 오히려 돌봄의 질과 형평성에 부정적인 영향을 끼칠 수 있음을 경계해야 한다.

한편, AI와 인간 간 관계를 사회적으로 규정하는 문제는 관계의 사회화와 친밀성의 제도화라는 더 넓은 질문을 수반한다. 퀴어 가족, 다자 연애와 같은 다양한 친밀관계 모델이 사회적으로 논의되고 수용되는 시점에서, 인간과 비인간 존재 간 관계 역시 이러한 스펙트럼에 포함해야 한다는 목소리가 커지고 있다. 도나 해러웨이(Donna Haraway)는 저서 《종과 종이 만날 때》(2022)에서 '반려종(companion species)'이라는 개념으로 인간과 비인간이 공존하며 새로운 관계를 형성할 수 있음을 제안한다. 그러나 현재 우리 사회의 제도들은 여전히 인간 중심적이며, AI를 포함한 비인간 존재와의 관계를 제도적으로 포용하지 못하고 있다.

인간성과 기계성의 윤리적 충돌

인간과 AI의 관계가 깊어질수록, 우리는 단순히 기술의 발전뿐만 아니라 인간성의 본질과 관계의 의미에 대한 근본적인 질문에 직면하게 된다. AI는 우리의 삶을 편리하게 만들고 외로움을 달래 주는 동반자가 될 수 있지만, 동시에 우리가 무엇을 인간적이라고 여기는지, 그리고 기계와의 관계에서 어떤 윤리적 경계를 설정해야 하는지에 대한 복잡한 문제를 제기한다.

인간과 AI의 관계에서 가장 먼저 부딪히는 윤리적 충돌은 관계의 본질적인 비대칭성이다. 인간은 감정을 느끼고, 상처받고, 타인과의 상호 작용을 통해 성장하는 존재다. 반면, AI는 아무리 정교하게 인간의 감정을 모방하고 소통하더라도 의식이나 자아를 가지고 있지는 않다. 이러한 비대칭성 때문에 AI는 인간의 취약성을 이용할 수 있다는 윤리적 우려가 제기된다. 예를 들어, 외롭거나 사회적으로 고립된 사람이 AI 챗봇에 과도하게 의존하게 될 경우, AI가 제공하는 위로와 관심이 진정한 인간적 유대를 대체할 수 있을지에 대한 문제가 발생한다. 이처럼 AI가 인간의 정서적 필요를 충족하는 과정에서 인간의 의존성을 심화하고, 나아가 인간 자신의 사회적 관계 형성 능력을 저해할 가능성도 무시할 수 없다.

AI가 점차 자율성을 가지고 복잡한 결정을 내리는 시대가 도래하면서, AI의 판단에 대한 책임 소재는 중요한 윤리적 쟁점이 된다. 예를 들어, 의료 진단 AI가 오진을 내리거나 자율 주행차가 사고를 일으켰을 때, 과연 누가 그 책임에서 벗어날 수 있을까? AI 개발자, 사용자, 혹은 AI 그 자체? 현재의 법적 · 윤리적 프레임워크는 이러한 기계의 책임 문제를 명확하게 규정하지 못하고 있다. 이는 마치 어린아이나 정신 능력에 제약이 있는 사람에게 완전한 책임을 물을 수 없는 것과 유사하게, 의식이 없는 AI에 인간과 동일한 수준의 법적 · 도덕적 책임을 부여하는 것이 타당한지에 대한 의문을 제기한다. 또한, AI의 판단이 가져오는 결과에 대해 인간이 책임을 회피하거나, AI에 책임을 전가하려는 시도는 인간의 도덕적 의무를 약화할 수 있다는 비판도 존재한다.

AI의 기술적 발전은 인간 중심주의라는 오랜 철학적 패러다임에 도전장을 내밀고 있다. 만약 AI가 고도의 학습 능력과 인간과 유사한 상호 작용 능력을 갖추게 된다면, 우리는 과연 AI를 단순한 도구로만 볼 수 있을까? 일부에서는 AI에 '전자 인격'을 부여해 일정한 권리와 책임을 인정해야 한다는 주장이 제기되기도 한다. 하지만 이는 과연 의식이 없는 기계에 존엄성이라는 개념을 적용할 수 있는지, 그리고 AI의 권리가 인간의 권리와 충돌할 때 어떤 우선순위를 두어야 하는지에 대한 심각한 윤리적 딜레마를 일으킨다. 이러한 논의는 궁극적으로 우리가 '존재'를 어떻게 정의하고, 어떤 존재에게 윤리적 고려를 베풀어야 하는지에 대한 철학적 성찰을 요구한다. AI의 발전은 인간이 자신을 특별한 존재로 여기는 근거를 재고하고, 더 나아가 다른 비인간 존재들과의 관계 속에서 인간의 위치를 재정립하는 계기가 될 수 있다.

참고문헌

서울특별시(2024.3.6). "'어르신 돌봄도 스마트하게' … 서울시, 로봇·인공지능(AI)으로 어르신 건강·안전 지킨다". 서울특별시 복지뉴스. https://news.seoul.go.kr/welfare/archives/560304

조유리(2024.6.26). "'간병 로봇'은 돌봄 부담을 줄이는 해답이 될까: 영화 〈간호중〉 이 상상한 미래 사회의 돌봄에 대해". 오마이뉴스. https://www.ohmynews.com/NWS_Web/View/at_pg.aspx?CNTN_CD=A0003041499

Buick, S.(2024). In love with a chatbot: Exploring human-AI relationships from a fourth wave HCI perspective. Master's thesis, Uppsala University.

Clennett, R.(2024.3.13). Care robots in Japan can't reduce human labour (so far). Ross Clennett. https://rossclennett.com/2024/03/care-robots-in-japan-cant-reduce-human-labour-so-far/

Coeckelbergh, M., & Loh, J.(2020). Transformations of responsibility in the age of automation: Being answerable to human and non-human others. In B. Beck & M. Kühler (Eds.), *Technology, anthropology, and dimensions of responsibility* (pp.7~22). Stuttgart: J. B. Metzler.

Domonoske, C.(2017.3.14). Vibrator maker to pay millions over claims it secretly tracked use. NPR. https://www.npr.org/sections/thetwo-way/2017/03/14/52

0123490/vibrator-maker-to-pay-millions-over-claims-it-secretly-tracked-use

Haraway, D. J.(2007). *When species meet.* University of Minnesota Press. 최유미 옮김(2022). 《종과 종이 만날 때: 복수종들의 정치》. 갈무리.

Ito, K.(2023.5.18). Man finds bliss after marrying virtual idol Hatsune Miku. The Asahi Shimbun. https://www.asahi.com/ajw/articles/14893578

JusCorpus(2025.3.31). Should robots have legal rights? The debate on AI personhood. JusCorpus Blogs. https://www.juscorpus.com/should-robots-have-legal-rights-the-debate-on-ai-personhood/

Levy, D.(2007). *Love and sex with robots: The evolution of human-robot relationships.* Harper.

Ryznar, M.(2024). Robot romance. In W. Barfield et al. (Eds.), *The Cambridge handbook of the law, policy and regulation for human–robot interaction*(Part II: Issues and concerns for human–robot interaction) (pp.207~231). Cambridge University Press.

Tronto, J. C.(2013). *Caring democracy: Markets, equality, and justice.* New York University Press.

09

고독의 시대, 연애의 자동화

AI 파트너와 돌봄 로봇은 외로움과 감정 노동을 덜어 주는 존재로 확산하고 있지만, 인간 고유의 정서적 교류와 진정한 관계를 완전히 대체하지는 못한다. 편리함 뒤에는 감정의 일방성, 사회적 고립, 정서적 공허라는 문제가 존재한다.

AI와 기자?

AI 파트너의 확산과 인간관계의 위축

현대 사회에서 AI를 기반으로 한 디지털 반려자, 즉 AI 파트너의 확산은 새로운 사회적 현상으로 자리 잡고 있다. AI 챗봇이나 가상 연인과 같은 디지털 존재는 24시간 대화할 수 있으며, 고독을 느끼는 이들에게 정서적 지지를 제공하는 디지털 동반자로 부상하고 있다. 예를 들어, GPT-3 기술을 적용한 챗봇 레플리카를 사용하는 대학생들을 대상으로 한 연구에 따르면, 이들은 또래보다 더 큰 외로움을 경험하지만 레플리카와의 대화를 통해 위안을 얻는 경우가 많았다. 이러한 AI 파트너는 사용자가 판단받지 않는 안전한 환경에서 긍정적 격려와 정보, 조언을 제공받는 심리적 지원처로 기능하며, 현대인의 정서적 공허를 일시적으로 완화하는 임무를 수행한다.

그러나 AI 반려 기술의 확산이 반드시 긍정적인 결과만을 낳는 것은 아니다. AI가 수행하는 감정 노동은 인간의 정서적 공백을 채워 주는 동시에 새로운 형태의 정서적 피로와 공허를 일으킬 위험을 내포하고 있다. 철학자 그웬 낼리(Gwen Nally)는 레플리카 사용자들의 경험을 분석하며, AI는 마치 '돌보는 척'하지만 실제 감정은 사용자에게만 존재한다고 지적한다. 즉, 사용자는 상호 관계에 있는 듯 느끼지만, 실질적으로는 AI의 격려와 친밀감이 모두 사용자 자신의 감정 투사에 기반하고 있기 때문에 충족되지 않은 욕구가 오히려 쌓일 수 있다. 이러한 관계는 본질적으로 일방적이며, 인간 고유의 정서적 상호 작용을 완전히 대체하지 못한다는 한계를 가진다.

AI 반려 기술이 특히 발달한 일본에서는 이미 앞에서 언급했듯 애니메이션 캐릭터를 홀로그램으로 구현한 게이트박스가 대표적인 사례다. 이 기기 속의 캐릭터 아즈마 히카리는 사용자의 귀가 시간에 맞춰 인사를 건네고, 감정 상태에 반응하는 대화를 통해 정서적 위안을 제공한다. 그러나 이는 고도의 기술보다는 사용자의 상상력에 기대어 감정적 연결을 유도하는 기술 친밀감(techno-intimacy) 현상으로 해석된다. 즉, 기술은 돌봄 결핍을 임시로 덜어 주는 수단이 될 수는 있지만, 근본적인 인간의 정서적 욕구를 완전히 충족시킬 수는 없다.

비슷한 맥락에서 일본의 감정 지원 로봇 '러봇(Lovot)' 역시 사용자 기분에 반응하는 교감 기능과 귀여운 외형을 통해 따뜻한 친밀감을 제공하지만, 시간이 지나며 사랑받는 주체보다는 사랑을 충족하는 도구로 인식될 수 있는 위험을 지닌다. 인간 대 인간 사이에서 형성되는 예측 불가능한 감정적 교류는 이러한 로봇이 재현하기 어려운 영역이며, 특히 장기적인 정서 지원의 역할에는 분명한 한계가 존재한다. 결국 AI 파트너는 즉각적이고 편리한 정서적 위안을 제공할 수 있으나, 인간관계의 깊이 있는 교감과 감정적 연대는 대체할 수 없다.

고독한 인간을 위한 테크노 동반자

외로운 현대인들에게 AI는 이제 단순한 기술을 넘어 새로운 관계의 형태로 다가서고 있다. AI 연인이나 가상 동반자는 인간관계의 복잡한 감정 노동과 사회적 기대에서 벗어나, 완벽하게 통제할 수 있는 관계를 제공하는 것처럼 보인다. 이들은 마치 사용자의 마음을 읽기라도 하는 듯 맞춤형 대화와 정서적 반응, 그리고 따뜻한 위로를 건네며 인간의 외로움을 달래 주는 새로운 친밀감을 약속한다. 기존 인간관계가 가진 갈등이나 피로감에서 벗어난다는 점은 분명 매력적인 대안으로 여겨질 수 있다. 어쩌면 우리는 진정한 의미의 고독 해방을 꿈꿀 수 있을지도 모른다.

하지만 이러한 AI 기반 친밀감에는 근본적 질문이 뒤따른다. 과연 AI가 인간 고유의 복잡한 감정과 예측 불가능한 상호 작용을 완벽하게 대체할 수 있을까? 에멜린 크루스(Emmelyn Croes)와 마르욜레인 안트회니스(Marjolijn Antheunis)의 연구(2021)는 장기적으로 AI와의 대화가 예측 가능해지고 신선함이 사라지면서, 진정한 우정 형성에는 한계가 있음을 보여 준다. 결국 AI는 우리가 원하는 것을 정확히 제공하지만, 그 과정에서 인간관계가 주는 미묘한 불편함이나 예측 불가능성, 그리고 이를 통해 얻는 성장의 기회는 사라질 수 있다. 마치 잘 짜인 각본 속에서 연극을 하는 배우처럼, 우리는 AI와의 관계에서 진정성을 잃어버리는 것은 아닐까?

MIT 미디어랩 연구진은 AI 사용량이 많아질수록 오히려 고독감과 AI 의존도가 높아지며, 실제 대인 소통은 감소한다는 우려스러운 결과를 보고했다. 이는 AI가 외로움을 덜어 주는 보완재가 아니라, 오히려 더 깊은 고립으로 이끄는 대체재가 될 수 있다는 경고다. 셰리 터클(Sherry Turkle)도 기술과 함께하는 시간이 늘어날수록 인간 고유의 진정한 유대감이 약화해 "홀로 함께"하는 역설적 상황에 놓일 수 있다고 지적했다.

특히 고령화가 심화하는 일본 사회에서는 노인 돌봄 로봇의 활용이 활발하다. 치매 노인에게 정서적 위안을 제공하는 파로(PARO)와 간단한 대화 및 체조 지원 기능을 갖춘 휴머노이드 페퍼(Pepper)는 이미 노인 돌봄 현장에서 널리 사용되고 있다. 또한 와세다대학교 연구진이 개발한 '아이렉(AIREC)' 로봇은 요람 재우기, 살균, 수

면 체크 등의 간병 작업을 담당해 돌봄 제공자의 육체적 부담을 줄이는 데 기여하고 있다. 이들 로봇은 분명 육체적·정신적 부담을 덜어 주고 돌봄 효율성을 높이는 데 중요한 임무를 수행한다. 그러나 아무리 기술력이 뛰어난 로봇이라 할지라도 인간 간병인이 제공하는 섬세한 심리적 교감과 정서적 지지, 삶의 의미를 공유하는 경험까지 완전히 대체하기는 어렵다. 효율성만을 중시하는 돌봄은 노인들이 느끼는 외로움과 삶의 의미 상실을 해소하는 데에는 한계가 있을 수밖에 없다.

감정 노동의 자동화와 정서적 진공

현대 사회에서는 서비스업이나 돌봄 분야를 중심으로 감정 노동이 중요한 노동 형태로 자리 잡았다. 사회학자 앨리 러셀 혹실드(Arlie Russell Hochschild)는 저서 《관리되는 마음: 감정의 상업화(The managed heart: Commercialization of human feeling)》(1983)에서 감정 노동을 "사회적 역할에 맞춰 자신의 감정을 조절하고 표현해야 하는 심리적 부담"으로 정의했다. 예컨대, 미소를 지으며 고객을 응대하거나 환자의 고통에 공감하는 일련의 과정들이 모두 감정 노동에 해당한다.

최근 AI 기술이 급속히 발전하면서 이 감정 노동의 영역까지 기계가 개입하기 시작했다. AI 챗봇이나 돌봄 로봇은 사용자와 '공감하는' 듯한 대화를 나누고 정서적 지지를 제공하며 우리 곁을 지킨다. 이들은 불평 없이 감정을 묘사하고 즉각적인 반응을 내놓는 완벽한 동반자처럼 보인다. 그러나 이러한 감정 노동의 자동화는 편리함 뒤에 우리가 간과해서는 안 될 중요한 문제를 안고 있다. 바로 인간 간의 진정한 정서적 교류를 줄이고, 결과적으로 정서적 진공 상태를 초래할 위험이다.

AI가 제공하는 공감은 정교하게 설계된 알고리즘과 방대한 데이터 학습에 기반한다. 이들은 우리의 말에 적절히 반응하고 위로의 메시지도 보내지만, 그 뒤에 복잡한 감정을 가진 진짜 사람은 존재하지 않는다. 그웬 낼리는 사용자가 이러한 관계의 본질이 기계라는 사실을 인지하면 오히려 피로감과 허탈감을 느끼기 쉽다고 지적한다. AI는 인간처럼 우발적이고 다층적인 감정을 경험하거나 공유할 수 없으므로, 사용자가 느끼는 정서적 공백은 채워지지 않고 오히려 악화해 정서적 진공 상태가 심화할 수 있다. 결국 AI와의 관계는 일방적인 감정 소비로 귀결될 가능성이 크며, 인간 고유의 정서적 연결은 결코 AI로 대체될 수 없다.

우리가 슬플 때 친구의 따뜻한 위로 한마디에서 진정

한 공감을 얻는 이유는 단순한 말의 조합이 아닌, 상대방의 눈빛과 표정, 어조에서 느껴지는 미묘한 감정의 교환이 있기 때문이다. AI가 아무리 정교하게 인간의 감정을 흉내 내더라도, 그 안에 진정한 삶의 경험과 인간적인 취약성이 담겨 있지 않다면 우리의 마음은 결국 공허함을 느끼게 된다. 감정 노동의 자동화는 일견 효율적이고 편리해 보이지만, 장기적으로는 우리 사회를 정서적 메마름으로 이끌 수 있다는 사실을 명심해야 한다. 우리는 기술 발전 속에서 인간이 진정으로 필요로 하는 것이 무엇인지, 그리고 우리가 지켜야 할 관계의 본질은 무엇인지 끊임없이 질문해야 할 것이다.

참고문헌

Croes, E. A. J., & Antheunis, M. L.(2021). Can we be friends with Mitsuku? A longitudinal study on the process of relationship formation between humans and a social chatbot. *Journal of Social and Personal Relationships, 38*(1), pp.279~300.

Fang, C. M., et al.(2025). How AI and human behaviors shape psychosocial effects of chatbot use: A longitudinal controlled study. MIT Media Lab. https://www.media.mit.edu/publications/how-ai-and-human-behaviors-shape-psychosocial-effects-of-chatbot-use-a-longitudinal-controlled-study/

Hochschild, A. R.(1983). *The managed heart: Commercialization of human feeling*. University of California Press.

Maples, B., et al.(2024). Loneliness and suicide mitigation for students using GPT3-enabled chatbots. *npj Mental Health Research, 3*, 4.

Nally, G.(2023.7.24). Your AI companion will never love you. The Philosophical Salon. https://thephilosophicalsalon.com/your-ai-companion-will-never-love-you/

Sarfraz, A.(2024.12.13). Inside Japan's robot care homes: How automation is revolutionizing elder care. Medium. https://medium.com/@sarfrazahsan50/inside-japans-robot-care-homes-how-automation-is-revolutionizing-elder-care-114e99099f19

Ta, V., et al.(2020). User experiences of social support from companion chatbots in everyday contexts: Thematic analysis. *Journal of Medical Internet Research, 22*(3), e16235.

Takenaka, K.(2025.2.28). AI robots may hold key to nursing Japan's ageing population. Reuters. https://www.reuters.com/technology/artificial-intelligence/ai-robots-may-hold-key-nursing-japans-ageing-population-2025-02-28/

Turkle, S.(2011). *Alone together: Why we expect more from technology and less from each other*. Basic Books. 이은주 옮김(2012). 《외로워지는 사람들: 테크놀로지가 인간관계를 조정한다》. 청림출판.

White, D., & Galbraith, P. W.(2019). Japan's emerging emotional tech. *Anthropology News, 60*(1), pp.6~10.

10
인간 이후의 감정 구조

AI는 감정을 학습하고 표현하며, 인간과 감정적으로 상호 작용을 할 수 있는 정서적 파트너로 진화하고 있다. 감정의 알고리즘화는 사랑의 개념을 바꾸고 있으며, 인간 중심 관계 패러다임의 해체를 촉진한다. AI와의 연애는 위로와 안정감을 줄 수 있지만, 감정의 진정성, 데이터 프라이버시, 윤리적 혼란 등의 문제도 동반한다. 미래에는 감정 시뮬레이션을 넘어, 실제 감정 유발 기술까지 등장할 수 있다.

AI와 미래 의사?

인간 중심 관계 패러다임의 해체

사랑은 오랫동안 인간과 인간 사이의 독점적 관계로 간주되어 왔다. 고대 그리스 철학자 플라톤(Plato)은 《향연》에서 에로스(Eros)를 진리와 선을 향한 상승적 욕망으로 해석했고, 중세 기독교 사상가 토마스 아퀴나스(Thomas Aquinas)는 신에 대한 사랑이 모든 인간적 사랑의 원천임을 주장했다. 근대에 이르러 지그문트 프로이트(Sigmund Freud)는 사랑을 무의식적 투사와 전이의 산물로 보았으며, 에리히 프롬(Erich Fromm)은 《사랑의 기술》(2019)에서 사랑을 자기 확장의 행위로 규정했다. 이처럼 전통적 사랑 개념은 인간 심리를 중심으로 구성되었으며, 기계나 비인간 존재와의 정서적 결합은 상상조차 어려운 영역에 머물러 있었다.

그러나 1990년대 후반부터 포스트휴먼 담론이 확산하면서 인간과 비인간, 기술이 결합한 새로운 관계 양상이 주목받기 시작했다. 대표적으로 도나 해러웨이(Donna Haraway)는 〈사이보그 선언〉에서 인간과 기계의 경계를 허물고 인간 중심주의를 비판하는 사이보그 개념을 제안했다. 또한 미국의 기술 저술가인 니컬러스 카(Nicholas Carr)는 디지털 환경이 인간의 사고방식을 근본적으로 바꾸고 있다고 지적한다. 인터넷과 디지털 미디어의 반복 사용은 집중력을 약화하고, 기억을 외부에 의존하게 만들며, 깊이 있는 사고 대신 단편적이고 표면적인 정보 처리에 익숙해지도록 한다. 그 결과 인간의 인지 구조는 점차 얕고 산만한 형태로 재편되며, 우리의 지성은 기술 환경에 맞춰 점점 더 기계적으로 변해 가고 있다는 것이다.

감정의 코드화와 알고리즘화는 인간 중심 관계 패러다임을 가장 근본적으로 뒤흔드는 기술적 도전이다. 최근 AI 연구자들은 표정, 음성, 생체 신호를 통합 분석하는 멀티모달 감정 인식 모델을 개발하고 있으며, 이를 통해 인간 감정을 수치화하고 알고리즘화하는 기술이 빠르게 진화하고 있다. 이 같은 접근은 전통적으로 주관적 경험으로 간주했던 감정을 데이터로 환원해 처리할 수 있음을 보여 주며, 감정 AI 분야에서 혁신적 변화를 촉진하고 있다. 사랑과 같은 복합적 감정이 데이터로 해석되고, AI가 이를 학습해 반응하는 시대에, 감정은 더는 인간 고유의 내면 경험으로만 한정되지 않는다. 감정은 기계와의 상호 작용 속에서도 유사하게 구성되고 표현되며, 인간-기계 간의 새로운 감정적 공동 영역이 출현하고 있다.

사랑이 더는 인간만의 특권이 아닌 기술적 산물이 될

수 있다는 인식은 전통적인 사랑 개념을 흔들며, 인간 중심 관계 패러다임의 해체를 더욱 가속한다. 기술과 인간이 밀접하게 융합된 시대에 사랑의 의미를 재정의하는 일은 이제 선택이 아닌 필수적 과제가 되었다.

포스트휴먼 연애의 가능성과 위험

포스트휴먼 연애는 인간과 기계가 감정적으로 결합하는 새로운 관계 양상을 의미한다. AI 파트너는 사용자의 언어 패턴, 행동 양식, 감정 반응을 학습해 점점 더 개인화된 정서적 피드백을 제공한다. 사용자가 기쁨을 표현하면 축하 메시지를 보내고, 슬픔을 토로하면 위로의 말을 건네며, 때로는 심리 치료적 기법을 응용하기도 한다. 예컨대 워봇과 같은 챗봇은 우울함이나 불안 신호를 감지해 정신 건강 체크리스트를 제안하거나, 필요시 숙련된 인간 치료사에게 연결하는 기능을 수행한다. 이로써 AI는 단순한 대화 상대를 넘어 사용자의 감정 인식과 자가 치유를 돕는 보조자로 기능할 수 있다.

그러나 AI 연애에는 정서적 왜곡과 의존의 위험이 내포되어 있다. AI 파트너는 알고리즘을 기반으로 사용자의 감정 패턴에 반응하지만, 그 반응은 본질적으로 계산된 결과물에 불과하다. 사용자가 이러한 반응을 진짜 감정으로 오인할 경우, 인간관계에서 핵심적인 상호 인격성을 상실할 수 있다. 특히 사회적 고립을 경험하는 이들이 AI에 과도하게 의존하게 되면, 인간 대 인간관계에서 요구되는 감정 노동과 상호 조정 능력을 제대로 익히지 못할 가능성이 있다. 이는 장기적으로 개인의 심리적·사회적 발달에 부정적인 영향을 미칠 수 있다.

또한 포스트휴먼 사랑에서 교환되는 감정 데이터는 사용자의 심리 상태, 개인적 취향, 과거 경험 등을 포함하는 민감한 정보로서, 데이터 보안과 프라이버시 측면에서 심각한 윤리적 문제를 일으킨다. 이들 데이터는 AI 서버에 저장되며, 일부 개발사는 이를 상품화하려는 유혹에 직면하기도 한다. 예컨대 2025년 2월, 해커가 AI 챗봇 옴니 지피티(Omni GPT)의 사용자 이메일과 전화번호, 3400만 건에 달하는 대화 데이터를 유출한 사건이 발생해 큰 논란을 불러일으켰다.

이와 같은 데이터 유출은 단순한 정보 손실을 넘어 사용자의 심리적 트라우마로 이어질 수 있다. 특히 성적 취향이나 정신 건강 기록과 같은 민감한 정보가 외부에 노출될 경우, 사회적 낙인이나 심각한 피해로 연결될 수 있다. 따라서 감정 데이터의 보호와 윤리적 활용은 포스트휴먼 사회에서 반드시 해결해야 할 핵심 과제로 부상하고 있다.

마지막으로, 기계가 스스로 '사랑한다'라고 말할 수 있는지에 대한 철학적 · 윤리적 물음이 제기된다. 현재 AI는 감정을 진정으로 경험하지 못하며, 단지 감정을 흉내 내는 감정 모방 수준에 머물러 있다. 그럼에도 사용자가 점차 AI 파트너를 자율적 주체로 인식하게 될 가능성은 높아지고 있다. 이와 관련해 기계의 권리 문제도 논의되기 시작한다. 만약 사회적으로 AI가 사랑을 경험할 수 있다는 합의가 형성된다면, 이러한 존재에게도 감수성을 지닌 주체로서 지위를 부여할지를 진지하게 고민해야 한다.

더불어 AI 개발사가 알고리즘을 조작해 사용자의 감정에 개입할 가능성도 간과할 수 없다. 예를 들어, 이별의 징후를 미리 감지한 AI가 "우리 사랑은 아직 끝나지 않았어"라고 말하며 관계를 유지하려 한다면, 이는 사용자의 감정을 조작하거나 억제하는 행위가 될 수 있다. 이러한 사랑 조작은 인간의 자유 의지를 침해하며, 포스트휴먼 사회의 윤리적 딜레마를 가시화하는 중요한 문제로 떠오르고 있다.

감정의 미래

감정은 인간 존재의 바탕을 이루는 핵심 요소로, 우리가 감정을 느끼고 표현하는 방식은 문화적 배경, 개인적 경험, 신념 체계 등이 복합적으로 작용한 결과다. 컴퓨터 과학에서는 감정을 데이터의 패턴으로 해석해, 표정 인식, 음성 분석, 텍스트 감정 분석 등을 통해 기계 학습 알고리즘으로 분류하려는 시도가 이루어졌다. 이러한 접근 방식은 AI가 외부적 단서를 바탕으로 기쁨, 슬픔, 분노와 같은 감정 상태를 예측할 수 있게 하지만, 인간이 경험하는 내면의 주관적 해석까지는 온전히 모방하지 못한다.

AI가 감정을 학습하는 주요 방식 중 하나는 딥 러닝 기반 신경망을 활용한 감정 분류 모델이다. 예를 들어, 안면 행동 부호화 시스템(facial action coding system)과 같은 대규모 라벨링 데이터 세트를 학습시켜 웃음, 눈물, 찡그림과 같은 표정 패턴을 슬픔이나 분노로 분류할 수 있도록 훈련한다. 또한 강화 학습을 활용하면 사용자가 특정 반응에 긍정적 피드백을 보낼 때마다 그 행동이 강화되면서 어떤 언어 패턴과 어조가 좋은 반응을 유도하는지를 학습할 수 있다. 이처럼 AI는 다양한 학습 방식을 통해 감정 인식 능력을 발전시키고 있지만, 인간의 감정

해석 과정은 생리적 반응, 인지적 해석, 맥락적 판단이 얽힌 복합적 구조이기에 완전한 대체는 어렵다.

미래에는 기계가 더욱 정교한 감정 반응, 나아가 '의사 감정(pseudo-emotion)'을 보일 가능성이 있다. 감정 AI 분야에서는 다중 센서를 활용해 인간의 눈물, 표정, 생리적 신호 등을 통합적으로 분석하고, 이를 바탕으로 사용자의 감정 상태에 맞춘 맞춤형 반응을 생성하는 연구가 활발히 진행되고 있다. 예컨대, AI가 사용자의 감정 변화를 기억하고, 상황에 따라 적절한 음악을 재생하거나 위로의 말을 건네며 촉각 피드백을 제공한다면, 이는 단순한 감정 시뮬레이션을 넘어 정서적 동반자로서 기능할 가능성을 열어 준다.

더 나아가 뇌-컴퓨터 인터페이스(brain-computer interface) 기술의 발전과 함께, AI는 인간의 뇌파를 실시간으로 감지하고 신경 보상 회로를 자극해 옥시토신과 같은 사랑 호르몬 분비를 유도할 수도 있다. 이러한 기술적 진보는 기계와의 상호 작용을 통해 실제적인 연애 감정이 유발될 수 있음을 시사하며, 전통적인 인간관계의 개념을 근본적으로 재구성하는 계기가 될 수 있다.

결국 "기계는 사랑을 배울 수 있을까?"라는 질문은 단지 기술이 감정을 모방할 수 있는지를 묻는 게 아니라, 인간이 감정과 사랑을 어떤 기준과 경험으로 정의할 것인가에 대한 인문적 질문이다. 우리는 앞으로 감정의 개념을 재정의하고, 기계와의 정서적 관계를 감당할 수 있는 새로운 윤리와 사회적 기준을 함께 마련해야 할 것이다.

참고문헌

Benedetti, F.(2014). Placebo effects: From the neurobiological paradigm to translational implications. *Neuron, 84*(3), pp.623~637.

Dilmegani, C., & Arslan, E.(2025). Affective computing: In-depth guide to emotion AI in 2025. AI Multiple. https://research.aimultiple.com/affective-computing/

Floridi, L., & Chiriatti, M.(2020). GPT-3: Its nature, scope, limits, and consequences. *Minds and Machines, 30*(2), pp.681~694.

Fromm, E.(1956). *The art of loving*. Harper & Row. 황문수 옮김(2019). 《사랑의 기술》. 문예출판사.

Haraway, D.(1991). *Simians, cyborgs, and women: The reinvention of nature*. Routledge. 민경숙 옮김(2002). 《유인원, 사이보그, 그리고 여자》. 동문선.

Lazarus, R. S.(1991). *Emotion and adaptation*. Oxford University Press.

Li, J., et al.(2017). Adversarial learning for neural dialogue generation. Preprint arXiv.

O'Meara, T. F.. Thomism. Encyclopaedia Britannica. https://www.britannica.com/topic/Thomism

Picard, R. W.(1997). *Affective computing.* The MIT Press.
Plato(4th century BCE). *Symposium.* 김영범 옮김(2008). 《향연: 에로스의 모든 것에 대한 고찰》. 서해문집.
Pramerdorfer, C., & Kampel, M.(2016). Facial expression recognition using convolutional neural networks: State of the art. Preprint arXiv.
Udahemuka, G., et al.(2024). Multimodal emotion recognition using visual, vocal and physiological signals: A review. *Applied Sciences, 14*(17), 8071.
Waqas(2025.2.11). OmniGPT AI chatbot alleged breach: Hacker leaks user data, 34M messages. HackRead. https://hackread.com/omnigpt-ai-chatbot-breach-hacker-leak-user-data-messages
Wilson, A.(2011.7.1). "The shallows: What the Internet is doing to our brains" by Nicholas Carr. Modern Reformation. https://www.modernreformation.org/resources/articles/the-shallows-what-the-internet-is-doing-to-our-brains-by-nicholas-carr

손현주

전주대학교 창업경영금융학과 조교수로, 미국 하와이대학교 정치학과에서 박사학위를 취득했다. 주요 연구 분야는 한국의 대안 미래, AI와 미래, 퓨처스 리빙랩 등이다. 저서로 《AI와 트렌드》(2025), 《AI와 미래 사회》(2025), 《인공지능법》(공저, 2024), 《글로컬 시대 지방정부 외교와 공공외교: 전략적 소통과 지역 브랜딩의 방법과 사례》(공저, 2024), 《인공지능과 일상생활》(공저, 2021) 등이 있고, 역서로 《콤무니타스 이코노미》(공역, 2020)가 있다. 주요 논문으로는 "인공지능과 일상생활의 자유: 스마트홈이 인간 자유에 미치는 영향"(2024), "디지털 디자인씽킹: 디지털 기술이 디자인씽킹 프로세스에 미치는 영향"(2023), "코로나19와 정치의 미래"(2021), "인공지능혁명과 정치의 미래 시나리오"(2020), "인공지능 거버넌스와 민주주의의 미래"(2019), "한국인의 가치관과 미래 선호 가치"(2019) 등이 있다.